Carl Anton Tobias

Regesten des Hauses Schönburg

vom urkundlichen Auftreten desselben bis zum Jahre 1326

Carl Anton Tobias

Regesten des Hauses Schönburg
vom urkundlichen Auftreten desselben bis zum Jahre 1326

ISBN/EAN: 9783743643390

Hergestellt in Europa, USA, Kanada, Australien, Japan

Cover: Foto ©ninafisch / pixelio.de

Weitere Bücher finden Sie auf **www.hansebooks.com**

Regesten

der

Hauses Schönburg

vom urkundlichen Auftreten desselben bis zum Jahre 1326.

Ein Beitrag

zur

Adels- und Specialgeschichte Sachsens und Böhmens

von

Dr. ph. Carl Anton Tobias,

Oberlehrer am Gymnasium mit Realschule und Stadtbibliothekar in Zittau,

ord. Mitgl. der deutschen Ges. zu Erforsch. vaterl. Spr. u. Alterth. zu Leipzig, des K. S. Ver. zu Erf. u. Erh. vaterl.
Alterth. zu Dresden, der Oberl. Ges. d. Wiss. zu Görlitz, des Vereins für Gesch. u. Alterth. Schlesiens zu Breslau,
des Vereins für Gesch. der Deutschen in Böhmen zu Prag, der Nat. forsch. Ges. zu Leipzig, corr. Mitglied der Gesch.-
u. Alterth forsch. Ges. des Osterl. zu Altenburg, der Nat. forsch. Ges. zu Görlitz, Ehrenmitglied des Gewerbevereins
zu Glauchau.

(Besonderer Abdruck aus dem Programm des Gymnasiums mit Realschule in Zittau 1865).

ZITTAU.
In Commission der Pahl'schen Buchhandlung.

Gedruckt bei Richard Menzel.
1865.

Dem

Fürstlichen und Gräflichen Hause Schönburg

und der

Vaterstadt Glauchau

gewidmet

vom Verfasser.

Vorwort.

Wer je einmal das alterthümliche auf einem Hügel sich stolz erhebende Doppelschloss in Glauchau gesehen, seine ehrwürdige Bauart bewundert und der imposanten Lage, welche das schönste Panorama des Muldenthales bietet, sich gefreut —

Wer die jenes Schloss rings umgebenden tiefen Gräben und Schluchten, über welche in schwindelnder Höhe gewaltige Brücken sich spannen, bei einem Spaziergange in den Umgebungen des Schlosses, angestaunt —

Wer beim Eintritt durch das mächtige rothweisse Thor, mit dem Adler des weiland heil. röm. Reiches geziert, in den ersten Hof gelangt, vor sich an alter Mauerwand in Lebensgrösse die beiden Brüder Wolf und Ernst von Schönburg sah, von denen Letzterer zum letzten Male alle Schönburgischen Stamm- und Hauptbesitzungen in seiner strengen Hand vereinigte —

Wer unterhalb dieser Bilder und beim Eingange in das hintere Schloss die in Stein gehauenen*) Wappenschilder gesehen der hocherleuchteten Mutter dieser Brüder, welche die Mitwelt „gratiosa“ nannte und welche mit treuer Mutterliebe in einer gewaltigen Zeit der Entwickelung und Gährung das Erbe der Kinder verwaltete und diesen Theil des Schlosses bauen liess —

Wer, wie wir als Knabe oft Gelegenheit hatten und suchten, die inneren stillen Räume jenes Bauwerkes durchwandern konnte, von Marterkammern, grausen Mordberichten und heimlichen Gemächern in ihnen erzählen hörte, die Ahnen der erlauchten Besitzer in lebensgrossen Bildern den Treppen des hinteren Schlosses entlang sehen und von ihren Thaten lesen durfte —

---

*) Leider auf unverständige Weise übertüncht.

Dem wird die Frage oft nahe treten, wie mag es früher hier gewesen sein? wer mag hier gewohnt und in Zeiten der Gefahr durch gewaltige Zugbrücken, deren Befestigung noch heute zu erkennen ist, ein Asyl in dieser natürlichen Feste gefunden haben? So ist es uns oft ergangen.

Mit lauschendem Ohre haben wir unserem Gedächtnis Alles eingeprägt, was wir aus der Geschichte der Vaterstadt und deren Besitzer vernommen, mit immer neuer Aufmerksamkeit die Alterthümer des Schlosses, die Kapelle, Bilder, die Kirchen der Stadt, Thürme, Thore, Brücken und Häuser betrachtet, bis wir später aufzuzeichnen anfingen, um eine Geschichte der Vaterstadt und deren Besitzer, des Hauses Schönburg, vorzubereiten.

Bei dem uns inwohnenden und durch die treueste Liebe der Eltern, mitten unter einer für das practische Interesse lebenden Umgebung, geweckten und geförderten Interesse für wissenschaftliches Leben und Arbeiten, machte sich besonders eine Vorliebe für historische Studien geltend, aus welchem grossen Gebiete wir speciell der sächsischen und lausitzer Provinzial- und Adelsgeschichte seit Jahren die eifrigste Sorgfalt widmeten.

Was wir nun ein halbes Menschenalter hindurch, soweit uns von Berufsgeschäften Zeit geblieben, aus besonderer Vorliebe gesammelt, übergeben wir theilweise hier der Oeffentlichkeit. Es bilden diese Bogen nämlich nur den Anfang und somit die Probe der Geschichte eines durch fast 700 Jahre, und vielleicht noch länger, in entscheidenden Epochen der sächsischen und böhmischen Geschichte einflussreichen und noch heute in allen Ehren blühenden Geschlechtes. Für die Territorialgeschichte Sachsens sowohl, wie Böhmens, dürfte daher die Darstellung der ältesten Regesten des Hauses Schönburg nicht ohne Werth sein, weil die Familie sich nicht allein im Besitze bedeutender Herrschaften und Güter Sachsens noch befindet, sondern auch manche Beziehungen zu andern Adelsgeschlechtern und Verhältnisse offenbar werden, die dem Freunde der Adelsgeschichte, besonders meisnischer, lausitzer und böhmischer Familien nicht unlieb sein werden.

Die beigegebenen Urkunden haben wir selbst den Originalen entlehnt und aus Mangel an Raum nur bisher ungedruckte und einige uncorrect gedruckte, verbessert und getreu nach der Originalschreibart zum Abdruck gebracht.

Notizen, die älteren Schönburgischen Besitzungen betreffend, haben wir an geeigneter Stelle ebenfalls gegeben.

Merkwürdig mag das Zusammentreffen sein, dass wir gerade nach hundert Jahren das Thema wieder aufnehmen, welches der damalige Director der Anstalt, der wir anzugehören das Glück haben, behandelt hat, wenn auch dürftig und ohne jede diplomatische Gründlichkeit. Wir meinen die sehr selten gewordenen Programme Ad. Dan. Richter's de familiae Schönburgicae origine, antiquitate et dignitate, Zitt. 1761, de fam. Sch. generationum supputatione recensio I. ib. 1761, II. ib. 1762, III. ib. 1763, IV. ib. 1765, V. ib. 1765, VI. et ult. ib. 1767, à 1 Bog. Folio.

Bei der gewaltigen Masse des in den verschiedensten Werken in Bibliotheken und Archiven zerstreuten Materiales, welches wir Jahre lang durchzuforschen nicht müde wurden und welches wir, soweit es speciell die Geschichte der Schönburgischen Familie und deren Besitzungen betrifft, zum grössten Theil in eigenen Besitz gebracht haben, haben wir auch die angenehme Pflicht zu erfüllen, denen zu danken, welche theils direct, theils indirect unsere Arbeit gefördert, unterstützt und uns angeregt haben. Dieser Dank gebührt zuvörderst dem Hauptstaatsarchive zu Dresden und dessen höchst gefälligen Director Herrn Dr. von Weber und Herrn Archivar Schladitz, den Herren Oberbibliothekaren Hofrath Dr. Gersdorf und Dr. Naumann zu Leipzig, Hofrath Dr. Klemm und Hofrath Dr. Petzholdt zu Dresden, Secretär Vogel in Dresden, Geh. Rath Präs. Dr. von Langenn zu Dresden, Archivar V. Brandl in Brünn, Pastor Eckardt in Schlagwitz, Adv. Lange in Bernstadt, Archivar Hieronymus in Glauchau, Registrator Gersdorf in Crimitschau, Bürgermeister Streit und Dr. Herzog in Zwickau, Reg.-Rath Dr. Back in Altenburg und dem Germanischen Museum in Nürnberg.

Noch wünschen wir, dass die Hoffnung, die uns bei Abfassung dieser Arbeit bestimmte, unter den Einwohnern der Stadt Glauchau, die unserm Streben Aufmerksamkeit und freundliche Theilnahme stets angedeihen liess, einiges Interesse für die Geschichte der blühenden und grossartig sich entfaltenden lieben Vaterstadt erweckt zu haben, nicht als eine vergebliche bezeichnet werden möge.

Möchten diese Bogen zugleich ein Zeichen meiner Liebe zu der Heimath und zu allen den theuren Meinigen in Glauchau sein.

Zittau,
am Sonntage Reminiscere
1865.

Dr. Tobias.

Quellen, welche bis zum Jahre 1328 citirt worden sind:

Abhdlgn der k. böhm. Ges. d. Wissenschaften.
Adelung Inv. diplomat.
Angelus And. annales march. Brandenburg.
Analecta Saxonica. Miscellanea Saxonica.
Anzeigen. Dresdner gelehrte.
Archiv f. sächs. Gesch.
Balbinus ep. rer. Boh.
— Miscell Boh.
Beyer Chronik von Altzelle.
Beckler hist. Howorea.
— III. st. Ruthenicum.
Benessii de Weitmil. chron. (scr. rer. Boh. t. II Prag 1784).
Bernhardi C. G. A. Geringswalde 1777.
Bertuch Chr. Portense.
Beust Jahrbücher der sächs. Geschichte.
Bilderbeck teutscher Reichsstaat 1730.
Boczek Ant. Mähren unter König Rud. I. Prag 1835.
Braun monatl. Auszug.
Buchholz Gesch. der Churmark Brandenburg
Calender Sebönb. mit Stöckh. geneal. Nachr. v. 1760 ff.)
Calles series ep. Misn. Rat. und Vienn. 1752.
Cauzler tabl. hist. de la Saxe.
Carpzov Ehrentempel der Oberlausitz.
Chronica domus Saarensis ed. Roepell. Bral. 1854.
Chronik. illustrirte. von Böhmen.
Codex dipl. Sax. regiae.
— — Lus. sup. ed. Köhler.
— — Moraviae ed. Boczek und Chlumecky.
— epist. Joh. reg. Boh. 1841 ed. Jacubi.
— mscr. bibl. sen. Lips. ed. Naumann.
Dobner Gelas. monum. hist. Bohemiae.
Dubravius hist. Boh. Ff. 1687 8°.
Dumont corp. diplomatique.
Eckardt hdschr. Chr. v. Schönb. (fotl. Besitz).
Erben regesta Bohemiae.
Fontes rer. Austriacarum.
Francisci chron. Prag (in scr. rer. Boh. t. II. Prg. 1784).
Garve I. de bello Frid. adm. libh. II (in Hoffm. scr. 1719).
Gauhe Adelslexicon.
Gautsch Archiv für sächs. Geschichte.
Gierson J. Chronica des durchl. Friedr. Ldgrfen v. Thür. Nrb. 1546 fol.
Glafey Kern der Geschichte Sachsens.
Göpfert Pleissengrund. 1794.
Gottwald Wappen von Schönburg.
Graun C. H. Beschreib. d. wüsten Schlösser (Mscr. d. dtsch. Ges. Lpz.)
Gretschel Geschichte von Sachsen.
Grosser Laus. Merkwürdigkeiten.
Grundig und Klotzsch Sammlgen z. sächs. Gesch.
Grätzner Monogr. des Hauses Schönburg. 1847.
Gustenus cod. dipl. anecdotorum.
Hasche Mag. d. sächs. Geschichte.
Heine Rochlitz.
Hecker Nachr. v. d. Ilschfn. Starkenberg. Alt 1741—2 4°.
Hering Gesch. d. sächs. Hochlandes.
Herzog Zwickau.
Floßmann scriptores rer. Lus.
Hopf Gen. Atlas 1858.
Horn Frid. bellicosus. — Heinr. d. Erlauchte.
Huth Gesch. der Stadt Altenburg.
Imhoff. notitia procerum.
Kamprad Leisnig.
Kästner Crimitschau.
Kirchengall. Sachsens, Altenburgs und der Oberlausitz.
Klotzsch Urspr. der Bergwerke Sachsens.
Kuanth. prodr. Misniae.
Kneschke Adelslexicon.
— deutsche Grafenhäuser 1852
Köhler Münzbelustigungen 1740.
König Adelshistorie.

Krabl Ign. Gesch. d. k. Stadt Komotan. 1861.
Kreysig Beiträge.
Kröbse dipl. Schönb. (Mscr. im Archive Hintergiauchau).
Lehmann Chr. von Speier.
Lepsius Bischöfe Naumburg, — Kloster St. Moritz. — Rudelsburg und Saaleck.
Leuckfeld Gesch. des Kl. Rosau.
Liebe Nachlese zu Heinr. d. Erl.
Limmer Pleissnerland. — Voigtland 1825—9
Ludewig reliquiae mscr.
Lünig cod. germ. dipl.
— Reichsarchiv spicil. secul. und pars specialis.
Magazin. neues Lausitz.
Manuscripte d. deutschen Ges. Leipzig. Meissen betr.
Märcker Burggrafth. Meissen.
Mencken scriptores.
Melissander Bergschlösser.
Millauer d. deutsche Ritterorden in Böhmen. Prag 1832
Mittelbach Ehrengel. d. Hauses Schönburg. 1730.
Mittheilungen des K. S. Alterth. Ver. Dresden
— der Ges. des Osterl. Altenburg.
— der deutschen Ges. Leipzig. 1856
Origines Guelficae.
Orsfeld Beschreibung von Lösznitz u. s. w.
Pagi brevlar. pontif. rom. Antw. 1718.
Palacky Gesch. von Böhmen.
Paullini de advocatis et oeconomis monast. 1686. Jenae.
Pelzel Carl IV.
Petri de Duisburg chronicon.
Platina vite de pontefici. Ven. 1715.
Publitschka Chronol. Gesch. von Böhmen.
Richter de Fumil. Schönburg (s. Vorrede).
Riedel cod. dipl. Brandenb.
Riegger Archiv der Gesch. und Statistik.
Ritterhusius genealogiae 1664.
Rudolphi Gotha diplomat.
Sagittarius Gesch. d. Grfschft. Gleichen.
Schäfer Primarenamt.
Schaller Topogr. von Böhmen.
Schmelzle Kloster Bosau.
Schiffner Albert im N. Laus. Mag. und in den Muthl. des K. S. Alterth. V. 1835.
Schmidt Chr. von Zwickau.
Schönburg. Anzeiger von 1844 ed. Schiffner.
Schötter Johann Graf von Luxemburg. 1865.
Schützgen opuscula minora.
— Inventar. diplom.
— Chr. von Warzen.
— hist. terrae Plisnensis.
— und Kreysig diplom. und scriptores. — Nachlese
Schultes direct. diplomaticum.
Schwarz hist. burggrav. Leisnic.
Scriptores rer. Bohem. Prag 1784.
Seidler Beschreibung von Rothenhaus. 1859.
Senckenberg v. d. kays. höchsten Gerichtsbarkeit.
Sommer Topographie von Böhmen.
Sommersberg Siles rer. scriptores.
Stöckhardt Nachr. v. d. Geschl. Schönb., 2 Stk. 1769. 1771.
Tharingia sacra.
Vogel Schönb. Stammregister in Kreysigs Beitr. III.
Voigt J. Gesch. von Böhmen.
— der Ritterorden des deutschen Hauses.
V. A. Z. d. i. Vorläufige Anzeige, was es mit den Territorialgerechtsamen des Hauses Schönburg etc. (auct. Mich. H. Gribner) 1723.
V. G. A. Z. d. i. vorläufige Gegenanzeige u. s. w. (aut. W. X. Neumann de Puchholz.) 1724.
Ursinus registr. Mscriptorum.
v. Webers Archiv der sächs. Gesch.
Weller Alles aus allen Theilen der Geschichte.
Wilke Tiermannus.

Regesten des Hauses Schönburg.

Einleitung.

Ursprung des Hauses Schönburg.

Es ist bis jetzt nicht gelungen, den Ursprung des Hauses Schönburg sicher festzustellen und es wird auch schwerlich je gelingen, mit diplomatischer Richtigkeit denselben zu bestimmen. Wenn auch die Stammbäume der Familie selbst bis zu einer grauen Höhe zurückreichen, so ist solchen Quellen kein Gewicht beizulegen, da die Unhaltbarkeit ihrer Behauptungen sich sofort ergibt. Dem Stammbaume unserer Familie ist aber um so weniger Glauben zu schenken, als er erst im Jahre 1482 aus der Tradition angefertigt wurde und wie viele gedruckte und ungedruckte Urkunden darthun, nicht allein hinsichtlich der Hauptlinien, sondern hauptsächlich in Bezug auf die Nebenlinien, an vollständiger Ungenauigkeit leidet. Ein besonderer Uebelstand trifft uns speciell mit unserer Familie durch die höchst veränderliche Schreibart, indem wir Sconeburc, Sconebere, Sconebert, Schonenburc, Schonenbere, Sonburc, Sumburg, SSumburk etc. für eine und dieselbe Familie, oft schon in einer und derselben Urkunde verwechselt finden, so dass Schönburg mit Schönberg nicht selten willkürlich vermischt worden ist.

Diese Unsicherheit aber hat uns bestimmt, die älteste Geschichte des Hauses den bekannten genealogischen Nachrichten von demselben nicht anzupassen, sondern sie in Form von Regesten, in chronologischer Aufeinanderfolge, zu geben, um am Schlusse die Zusammenstellung auf dem Grunde dieser, möglichst sicheren, diplomatischen Nachweise zu gründen.

Den Ursprung des durchlauchten und erlauchten Hauses Schönburg leiten verschiedene Chronisten älterer und neuerer Zeit aus den verschiedensten Gegenden und von verschiedenen Familien ab. Dass der Name von einem Schlosse, welches die Stammväter besessen, herrührt, ist nicht unwahrscheinlich und dass tapfere Heerführer von dem Besitze ihrer Güter den Namen entlehnten, wird öfter gefunden, doch bleibt es hier fraglich, ob jenes Schloss, oder jene Burg, in Franken, oder Böhmen, oder Meissen, oder am Rhein gestanden hat. Je nachdem man nun die eine oder die andere dieser Burgen als Urbesitzung annahm, schreiben sich die verschiedenen Ansichten über den Ursprung der Familie. Dass eine gemeinschaftliche Abstammung der Familie von Schönburg und von Schönberg besteht, wird, bei aller Verwechselung der Namen, durch die Verschiedenheit der Wappen entschieden in Abrede gestellt werden müssen. Cognomen (sagt Leuber ap. Mencken III, 1966) gentilitium est Schoenburgk, quasi dicas, castellum elegans sive arx pulchra, non vero pulcher mons, uti exteri imperite vertunt. Nobilium namque de Schoenbergk, sive de pulchro monte familia, origine et possessionibus, non insigniis omnino differt ab hac illustri familia, cujus initia sunt qui repetunt ex Imperatoris Augusti Caroli M. aevo.

Die mindeste Beachtung verdient die Ableitung der Herren von Schönburg von den Markgrafen der Lausitz und den Grafen von Groitzsch und Leisnig, zu welcher sich Leuber l. c. durch die Schönburgischen Besitzungen verleiten liess. Es ist dies einer der vielen

Fehler Leubers, denn die Grafen von Groitzsch besassen zwar Güter in der Nähe von Zwickau und Zwickau selbst, also an der Grenze der Schönburgischen Herrschaften, aber nicht selbst Schönburgische Güter. Bertha, die Tochter Wiprechts von Groitzsch, gründete nämlich 1118 die Marienkirche in Zwickau, eignete selbige dem Kloster Bosau bei Zeitz und besass demnach diese Stadt selbst, welche nach ihrem Tode, 1143, an deren Tochter Mechtildis, die Gemahlin des Grafen Rabodo von Abensberg in Baiern gelangte, von welchem sie 1157 an den Kaiser Friedrich I. verkauft wurde. Einer Besitzung im Schönburgischen wird aber hierbei nicht gedacht. Auch kann die Aehnlichkeit des Wappens der Grafen von Groitzsch und der Schönburger kein Grund für Leubers Annahme sein. Doch darf man, wenn in der Ableitung die Lausitz betont wird, nicht ausser Betracht lassen, dass die Familie von Schönburg, fast mit ihrem diplomatischen Auftreten gleichzeitig, in der jetzigen Oberlausitz begütert erscheint (s. Reg. 1234) und daher die Annahme mehrerer Stammbesitzungen, vielleicht früher oder später, sich doch noch beweisen lässt.

Herzog Zwickau, Schöttgen hist. terrae Plisn., Weller Altes. 7 Stk., Leuber l. c.

Nach Spangenberg, Sächs. Chr. f. 19., stammen die Herren von Schönburg von den alten Semnonen, welche ihren Namen von Senno oder Sinno, dem Sohne des Frankenkönigs Reichmeyer haben, ab. Dieses aus Rom gewanderte Geschlecht habe bald nach Christi Geburt an der Mosel ein Schloss gebaut, und diese Semnonenburg habe man später die Schonen- oder Schönburg genannt; Karl der Grosse aber, dankbar für die Dienste gegen die Sachsen, habe dem Geschlechte die Gegend um Glauchau als ein Fahnenlehen (fenda militaria) geschenkt. Hier nun habe die Familie eine zweite Schönburg, das Schloss in Glauchau, errichtet, auch einen Theil des Gebietes denen von der Mosel, als treuen Begleitern, zum Bau des Rittersitzes Mosel eingeräumt, wie denn auch das v. d. Mosel'sche Wappen dem Schönburgischen entstamme. Nun gibt es zwar am Rhein eine Burg, Schönburg genannt und dabei auch einen Lichtenstein, welcher letztere 1280 zerstört wurde, aber ein Römergeschlecht Senno kommt nirgends vor und ebensowenig gibt Spangenberg einen Grund der Auswanderung an die Mosel an. Ueberdies fehlt auch jeder Beweis dafür, dass das Schloss zu Glauchau jemals die Schönburg oder schöne Burg geheissen habe.

Der Name von der Mosel hat mit jenem des Flusses nur zufällig gleichen Klang, indem er, wie viele benachbarte Namen, slawischen Ursprungs ist und dann gleiche Erklärung findet, wie das eingegangene Dörfchen Scheidenbach bei Mosel, durch die hierbei fallende Grenze zwischen dem Gauen Zwickau und Pleissen. Auch tritt das Adelsgeschlecht von der Mosel viel später in der Geschichte auf, um in obige Vermuthungen passend verflochten werden zu können, (S. Reg. 1261 und 1288). Schon Albinus erklärt sich gegen diese zu weit gehende, jeder historischen Begründung entbehrende, Ableitung.

Kreysig Beitr. 3, 72. Stöckhardt, Schulner im Schönb. Anz. 1844 S. 498. Albinus Meissn. Lichr. 22.

Ein alter Schönburgischer Chronist leitet die Herren von Schönburg in gerader Linie von den Römern ab, welche zu des Kaiser Tiberius Zeiten, oder mit dem römischen Heere unter Drusus Germanicus nach Deutschland kamen und hier wohnen blieben, weil geschrieben stehe, Drusus habe viele römische Adelige nach Deutschland gebracht und ihnen in terra advocatorum gewisse Herrschaften zu Beschützung der angelegten Festungen angewiesen, davon zeigten die ältesten Vornamen Florianus, Albanus von Schönburg, ingleichen das echt römische Wappen, welches die Familie führe.

Andere machen das Geschlecht zu einem Zweige der ältesten Besitzer des Pleissenlandes, gleich den Herren von Crimitschau, deren Stammsitz, das jetzige Schweinsburg, allerdings in weit späterer Zeit und bis 1413 in den Händen der Schönburger ist. Allein die Verfassung des Pleissenlandes war eine solche, dass das Land unter einige Grafen vertheilt war, von denen es theils durch Absterben, theils durch Vertrag an den Kaiser gelangte, wie z. B. Groitzsch, Leisnig, Colditz. Von diesem wurden kaiserliche Generalrichter, Landrichter, judices provinciales sive capitanei terrae Plisnensis, nach Altenburg gesetzt, welche auf dem dasigen Schlosse residirten. Als solche finden wir seit 1172 Hugo v. Wartha, auch zwei Herren von Crimitschau, 1222—44, keineswegs jedoch so, als hätten besondere Erbansprüche auf diese kaiserliche Statthalterwürde vorgewaltet, es setzte vielmehr der Kaiser und später, als das Pleissenland an die Markgrafen von Meissen gekommen war, der Markgraf, beliebige, angesehene und erfahrene Adelige in diese Würde ein. Auf diese Weise erscheint ein Herr von Colditz und um 1300 Friedrich von Schönburg (s. Reg. 1298) als Generalrichter, ohne dass dieses Verhältniss eine Stammverwandtschaft mit den auch im Wappen verschiedenen Herren von Crimitschau rechtfertige (s. Reg. 1291). Auch Köhler (hist. Münzbelust. 1740, 5. Stk.) welcher die Abstammung, wie sie das erneuerte Grafendiplom darstellt, der Wahrheit gemäss kritisirt, glaubt, dass die Herren von Schönburg in der alten Reichsprovinz, dem Osterlande, entsprossen und darin nach und nach zu dem Besitz ihrer ansehnlichen Herrschaften und Güter gelangt sind. Ad. Rechenberg (diss. de veteri Osterland. § 25) sagt: Cum Imperatores minime soli tanto regionum numero gubernando sufficerent, ditionibus sibi obnoxiis praeficere viros animi magnitudine prudentiaque excellentes, alium Land-gravii, alium Marchionis, alium Burggravii, alium Comitis, alium denique nobilis Dynastae titulo exornantes. Qui cum in fide semel data persisterent, deinceps operam in finibus imperii custo-diendis dilatandisque praeclaram navantes, Imperatorum gratia, favoreque adjuti jus in ditiones sibi creditas haereditarium paulatim acquisiverunt. Hinc tot etiam Osterlandiae surrexere Domini, hinc tot ditionum Osterlandicarum tituli, ut haec Marchionatus, illa Landgraviatus, haec Comitatus, illa nobilis Dynastae vocabulo insigniretur (und § 33). Atque inclyta Schoenburgensium familia inter illas merito censenda venit, unde ditionibus quibusdam Osterlandiae minime obscuris nata-libus prodiere Domini longa sane temporum memoria. De qua re cum praesens seculum, ubi haud exignam ditionis Osterlandiae partem obtinuit Schoenburgica posteritas, testimonium abunde praestat, supervacaneum censuimus hoc loco plura monumenta addidisse unde fides traditarum possit elucescere.

Nicht ohne Empfehlung erscheint die Herleitung von der bei Blankenburg am Harz ge-legenen Schönburg. Zuerst deren ungemein frühes Eingehen, während doch ihre Nähe am Bodfelde, wo Kaiser Heinrich I. als Vogler die Nachricht von seiner Wahl erhielt, und der Um-fang ihrer Ruine auf bedeutende Wichtigkeit schliessen lassen. Dass Heinrich viele seiner hei-mathlichen Vasallengeschlechter ins Osterland versetzte, ist sicher, leicht glaublich demnach, dass er seine nächsten Nachbarn, die von Schönburg, bedachte, ihnen nicht allein erbliche Lehen, sondern auch zur Verwaltung die Burgwarte Rochlinti und Titibutzien überliess, welche später zum Erbgute des Geschlechtes wurden. Bei dieser Annahme würde sich zugleich das ominöse Beisammenliegen von Köthel, Hainichen, Götzenthal und Crotenlaide bei Meerane erklären, wel-ches unbestreitbar auf niedersächsische Colonisten zurückweist.

Schüffner l. c., Reg. 1233.

Der Ursprung der Familie Schönburg wird ferner abgeleitet von der Burgwart Schön-burg bei Naumburg. Zuerst begegnen wir, von dieser Burg benannt, einem Sconenberg im Jahre 1135. Schon damals gehörte dieselbe zu den Donauen des Stiftes Naumburg, in welcher die Bischöfe eine Besatzung unterhielten, so dass die von 1157 bis 1215 als Zeugen unterschriebenen Ulricus, Volcmar, Guntherus, Hermannus, Hugo, Berthold von Sconenberg nur Burgvoigte sind, die im Dienste und in Lehenspflichten der Bischöfe standen, was auch von dem 1166 unter den nobilibus genannten Uderich von Sconenberg und seinem Sohne Berthold gilt, von welchen ver-schieden in derselben Urkunde Volcmar von Sconenberg ministerialis genannt wird. Sie waren nicht Besitzer der Schönburg, obschon sie jener Burg den Namen verdankten und vielleicht auch durch Kauf oder Heirath erbliche Besitzungen erlangten. Zur Vermuthung, dass zwischen beiden Familien ein verwandtschaftliches Verhältniss Statt gefunden habe, glaubt man sich berechtigt nicht allein durch die, auch in unserer Familie Schönburg häufig vorkommenden, Vornamen, ganz besonders durch das öftere Auftreten eines Hermann von Schönburg, der sogar mit Bertoldus de Sconenberg, seinem Bruder, nobilis heisst (Urk. im Hpt.St.A. Dresden vom 26. Sept. 1222), der mit einem Bruder Bodo 1225 und allein noch 1251 als Zeuge gefunden wird, sondern auch durch den diplomatisch nachgewiesenen Besitz mehrerer unmittelbar unter bischöflich Naumburgi-scher Lehenshoheit stehenden Güter, welche unsere Familie von Schönburg inne hatte. Wir meinen die von Friedrich von Schönburg im J. 1271 dem Kloster zu Eisenberg geschenkten Häuser und Hufen in Camburg und die 1328 an das Kloster zu Beutitz cedirten Anrechte an die Pödelitzer Mühle bei Weissenfels, sowie die Schenkung einiger Güter zu Corbetha an dasselbe Kloster im J. 1333. Diese Besitzungen, weit entlegen von den angenommenen Stammbesitzungen Geringswalde, Glauchau und in der Lausitz, können allerdings auch auf andere Weise in Schön-burgische Hände gekommen sein, ohne dass man eine Abstammung von der Schönburg bei Naum-burg anzunehmen berechtigt ist. Vielleicht durch Heirath; denn wir kennen verschiedene Besitzer von Corbetha, z. B. 1279 übergibt Markgraf Dietrich von Landsberg mehrere Güter daselbst, welche Mechtildis Wolverammi vidua als Leibgut besessen, demselben Kloster Beutitz, Eckhard von Ballenhausen verkauft 1322 Zehenden, 1326 schenkt Ulricus de Slatebach mit seinen Töch-tern 3 Hufen und Zehenden, 1339 ein gewisser Scharroch und seine Tochter sechs Hufen in Corbetha dem Kloster Beutitz. Die Herren von Schönburg, als Besitzer der Pflege Langenberg, welche ehedem 50 Dörfer in sich begriff, die jetzt theils zu Altenburg, theils zu Zeitz gehören, theils wüste Markungen sind, können auch als solche obige Güter und Rechte inne gehabt haben. (s. Reg. 1323).

Wir behaupten trotzdem, mit dem zuverlässigsten Schönburgischen Chronisten Eckardt, die Ableitung unserer Familie von dieser Burgwart Schönburg, da, wie die Regesten zeigen wer-den, auch wirkliche Glieder unserer Familie sich milites schrieben und nicht nobiles, worauf man

1 *

bisher entschiedenes Gewicht zu legen pflegte, während sich ja auch diese Schönburger, wie wir zeigten, nobiles nannten und schliesslich sind die oben angegebenen Gründe ebenfalls in die Wagschale zu legen. Dass nun diese ursprünglichen Ministerialen zuvörderst in die Lausitz und dann vielleicht erst in die meissnischen Lande kamen, wird sich durch die Regesten beim J. 1221 1234 und 1290 mit ziemlicher Sicherheit folgern lassen. Vielleicht gelingt es noch einmal das alle Hypothesen entscheidende Wappen der Schönburger bei Naumburg aufzufinden.

Ueber die Schönburg bei Naumburg und die von derselben genannten Burgmänner vergleiche man Schulten d. d. I und II. Hering Hochland I, 394, Schütig. op. min. 86 ff., Grundig und Klotzsch XII. 248. Lepsius Hochstift S. 273, 352 ff., Rudelob. und Saal. S. 20, 21, Kl. St. Moritz S. 21., Lünner Plauld. 314 ff., Ladewig rel. V. 117. Sch. und Kr. script. II. 379 ff. Melissander Bergschl. I. 54—60 und Eckardts Vermuthung der Abstammung.

Der oben bereits gedachten Abstammung der Schönburger von der Schönburg am Rheine huldigt auch König im Adelslexicon, bezieht sie aber, ganz verworren, auf die Schönberge, indem er die Nachbarschaft der Schlösser Schönburg und Lichtenstein besonders betont und vermuthet, dass das rheinisch-Schönburgische Geschlecht in das Osterland versetzt worden und hier zu einer Pflege gekommen sei, in welcher es neben Glauchau (Schönburg), ein zweites Lichtenstein baute. Ob aber die theils nobiles, theils milites genannten Theodericus de Schönburg 1327, Diderich von Schonenburg 1330, Burghart 1405, Conrad von Schonenburg cum filiis, Frederich der alde von Schonenburg 1328, Fridericus de Schonenburg 1272, Fridericus de Schoninburg canonicus maj. eccl. Mogunt. 1191 (cfr. Gudenus und C. de Buri cod. dipl. anecdotorum), ob Georg Herr von Schönburg, gestorben 1595 als Bischof zu Worms, und dessen Bruder Johannes, gestorben 1599 als Erzbischof und Churfürst von Trier, mit unserer Familie von Schönburg in verwandtschaftlicher Beziehung stehen, zu welcher Annahme uns ebenfalls die gleichlautenden Vornamen bestimmen können, wagen wir nicht definitiv zu entscheiden, auch hier würde eine Vergleichung mit den Wappen nur zum richtigen Ziele führen.

Die Familie von Schönburg selbst huldigt der Ableitung ihres Geschlechts von dem böhmischen Herzogs- oder Königshause, indem sie einen Bruder des böhmischen Herzogs Wratislaw, mit Namen Theobald, als Urahnen annimmt. Wir werden diese Ansicht und die in ihr enthaltenen historischen Thatsachen, soweit sie für die Schönburger sprechen, bei Gelegenheit einer Urkunde des J. 1282 untersuchen und verweisen hierdurch auf dieselbe.

Die böhmischen Schriftsteller nennen durchgängig unser Geschlecht nicht ein böhmisches, sondern ein meissnisches, namentlich diejenigen betonen diese Abkunft, welche von dem Eindringen der Ausländer in Böhmen schreiben z. B. unter König Johann von Böhmen. S. Balb. miscell. V, 1, 49. Palacky II. 2, 20. Imhoff. not. V, 4, 2.

Angebliche Urahnen des Hauses Schönburg.

So wenig man von der Existenz einiger von einzelnen Schönburgischen Chronisten angenommenen Urahnen zu halten hat, dürfte es doch gerathen erscheinen, trotzdem dieselben anzuführen. Die Ueberzeugung aber von der Unstatthaftigkeit einer Beziehung der bald zu nennenden Personen auf das noch jetzt blühende Haus Schönburg, ergibt sich sofort aus der Unsicherheit, Unlauterkeit und dem Widerspruche der Quellen. Denn wenn man Gewicht auf Rixners Turnierbuch, Peckenstein u. s. w., oder auch auf den im Schönburgischen Auftrage 1482 angefertigten Stammbaum legen will, so dürfte die Wahrheit, wie sie der Historiker anstreben muss, nur in seltenen Fällen getroffen werden.

Zuerst nun, um 800, soll Hermann von Schönburg auf dem ersten Turniere in Oberfranken gewesen sein und daselbst ein hohes Amt verwaltet haben. Seine Residenz aber jenseits des Rheines, unweit Neustadt, auf dem Stammhause Schonenburg oder Schönburg gewesen. Daraus schliesst man, dass, um Spangenbergs, Ritterhausens und Anderer Meinungen von dem Schönburgischen Stammhause zu vereinigen, angenommen werden müsse, dass das Geschlecht, obschon ursprünglich in Böhmen begütert, von Karl IV. und dessen Nachfolgern auch in Franken, am Rhein, im Voigtlande und anderwärts feuda militaria erhalten und durch selbige besondere Branchen gebildet habe.

Bechler hist. How. I, 84. Stöckh. I. 12. Richter de Schönb. orig.

In das Reich der Sage gehört ebenfalls der Schönburg im Heere Karls des Grossen, als dieser den longobardischen König Desiderius i. J. 774 zu Pavia besiegt hatte, seine Edlen belohnte und ihnen Wappenschilder ertheilte. Der jugendliche Schönburg bat, ihm sein leeres Silberschild zu lassen, bis auch er für den Kaiser geblutet haben werde, wozu denn auch die Gelegenheit nicht lange ausblieb, indem Karl in den Jahren 777—785 die heidnischen Sachsen unter Wittekind zu bekämpfen hatte. Bei einem an der Werra zwischen den Franken und Sachsen entbrannten Kampfe wurde des Kaisers Schild zerschmettert; da erhob sich, dies gewahrend, der unter den gefallenen Franken mit befindliche Schönburg, aus Brust und Arm blutend, und reicht seinen Schild dem schutzlosen Kaiser, der nach glücklich geendetem Kampfe mit zweien Fingern seiner Rechten den Schönburgs blutende Wunde berührt und damit quer über dessen Schild streicht, an Schönburg sich mit den Worten wendend: Dies sei dein Wappen! Wittekind aber, der sich nach diesem Siege Karls diesem gänzlich unterworfen, schenkte mit Land und Leuten seine eigne Burg an der Mulde jenem Schönburg.

Nach einem andern Chronisten soll sich obiges Factum und die Entstehung des Wappens nicht unter Kaiser Karl, sondern unter Heinrich V. zugetragen haben.

Ortsnamen Men. S. 2. Novellistisch behandelt von Dietrich: Die romantischen Sagen des Erzgebirges I, 28 ff. Episch Sagenschatz 2 als und poetisch bearbeitet von Ed. Gottwald: Das Wappen von Schönburg. Historische Sage. Dresden (Meinhold). Dagegen Eckardt Chr. 2 f. — Die Widersprüche sah schon Köhler Münzbelus. 1760, I. 843.

Magwitz oder Meywitz von Schönburg, um 920 soll Crimitschau besessen haben, sowie Waldenburg und am erstern Orte aus den ihm von seinem Junker v. d. Gabel (ob Gabelenz?) zugefallenen Zinsen ein geistliches Lehen, die St. Georgscapelle (später die Fleischbänke) gegründet haben.

Der Beweis über den Besitz von Crimitschau kann aber erst beim J. 1291 geführt werden, so dass M. dasselbe gar nicht besessen haben kann, wie schon Richter richtig sieht, hinsichtlich Waldenburgs jedoch kommen die Herren von Schönburg weit später als Besitzer vor.

Richter orig. Schäffer Mitth. d. K. S. Alterth.-V. I, 14. Mittelbach.

Alban oder Alpan, Herr von Schönburg, soll als Anführer der Semnonen von dem deutschen König Heinrich I., † 936, berufen worden sein, die Sorben an der Mulde zu bekämpfen. Darauf habe er wahrscheinlich einen Theil des eroberten Landes als Lehen erhalten und auf dem Glauchauer Berge eine Burg angelegt, welche er Schönburg genannt habe. Nach Andern soll er aus dem Lande Baiern, 935 auf dem Turnier zu Magdeburg und 936 kaiserlicher Statthalter der Reichsstadt Zwickau gewesen sein, wodurch diese Familie, die sonst am Rheine wohnte, nach Meissen gekommen sei. Er verwaltete in Oberfranken ein angeerbtes Amt in der Nähe des Thüringer Waldes und kämpfte unter den Kaisern Heinrich und Otto gegen die Hunnen und Sorbenwenden, welche letztere sich besonders zwischen Zwickau und Lichtenstein, im Mülsengrunde, festgesetzt hatten. Damals sollen letztere zurückgetrieben oder sinsbar und zu Christen gemacht worden sein, wodurch die Kirchspiele Mülsen St. Niclas, St. Jacob, St. Michael, St. Urban (Thurm) entstanden wären. Die Bestallung als Statthalter und kaiserlicher Voigt zu Zwickau lässt sich aber keineswegs historisch begründen, es ist vielmehr die Ansicht nicht unwahrscheinlich, dass die Vorfahren der Burggrafen von Meissen und Grafen von Hartenstein Gangrafen des Gaues Zwickowe gewesen sind, wodurch diese Familie, indem er sagt: Rixnero in libro Trojaminam, si fides habenda est, Romanorum orbi imperante Heinrico Aucupe Caesare vixit Albanus Baro de Schönburg, cujus tamen tam antecessores, quam successores prorsus latent. De hoc igitur Albano nullum mihi judicium esse.

Trotzdem geschieht dies selbst von einem der jüngsten Chronisten.

Herzog II. 847. Märcker 16, 226, Stöckh. I, 13. Kreys. Beitr. 3, 49. Leuber ap. Mench III, 1906. Leopold Merrane 5. 19. K. Gall. X. 80.

Friedrich von Schönburg, vom Rheinstrom, soll 996 beim Turniere in Braunschweig gewesen und dort zum Kreiswächter (Griesswärtel) vom Rheinstrom erwählt worden sein, d. h. zum Schiedsrichter bei den Turnieren, zu welcher Würde nur tapfere, vornehme und berühmte Ritter gelangten.

Stöckh. I, 14. Richter orig. Mittelbach.

Weiter wird ein Werner, Wernher, von Schönburg, Ritter, 1080 auf dem Turnier zu Augsburg genannt, der ebenfalls „Griesswärtel" gewesen sein und Kaiser Heinrich IV. nach Italien begleitet haben soll, als derselbe Rom einnahm und Papst Gregor VII. absetzte.

Stöckh. I, 14. Mittelb. Richter orig. Sch. Der Vorname Werner kommt übrigens in der Familie Sch. später vor.

Zuletzt wird noch erwähnt Florian von Schönburg, auf dem rothen Hause (ob Rothenhaus in Böhmen?). Hohnstein al. Hassenstein und Burgberg (bei Geringswalde oder bei Lauten). Schiffner anerkennt ihn ohne weiteren Beweis, nur weil dadurch sich auf schickliche Weise Geringswaldens Geschichte beginnen lässt, indem man nämlich annimmt, dass die ursprünglichen Reichsburgen Ruchlinti und Titibuzin, errichtet zum Schutze dieser Gegend gegen die Sorbenwenden, vom Ahnen der Schönburge übergeben worden seien. Es finden sich nämlich in dem nordwestlich von Geringswalde gelegenen Fürstenwalde, auf dem sogenannten Hauskellerberge Spuren einer Burg, welche gleich einer am Fusse des Berges am Geringswalder Bache gelegenen Mühle im sächsischen Bruderkriege zerstört worden ist. Hier soll die Burgwart Ruchlinti gestanden haben, die neben der Burg Titibuzin die meissnischen Markgrafen Hermann und Eccard II. am 1010 dem Bischof Dithmar von Merseburg abtreten mussten. Und diese Burgen sollen am 1100 den Ahnherrn des Sch. Hauses, Florian von Schönburg, gehört haben. Ist auch von der Burgwart Titibutzin jetzt nichts mehr vorhanden, so lebt doch das Gedächtniss noch heute fort, in dem am linken Ufer der Mulde liegenden Holze, dem sogenannten Teitzig und der ebenfalls daselbst gelegenen Teitzmühle, welche in die Parochie Schwarzbach (G. A. Colditz) gehört.

Dieser Florian soll in Gottfried von Bouillons Gefolge bei der Eroberung Jerusalems und der Krönung Gottfrieds zum König von Jerusalem gewesen sein. „Er war (sagt Stöckhardt), sei stützend auf den handschriftlichen Stammbaum der Familie Sch.) wegen seiner sonderbaren Geschicklichkeit, Demuth und wahren Liebe zum Rechte, bei dem Kriegsvolk in grossem Ansehen; denn wenn jemand etwas Unbilliges vornahm, hielt er ihm seinen Wahlspruch vor: Innoxus vivito, numen adest. Er starb zu Constantinopel 1102 am Stein und ward daselbst begraben. Ob Florians Name in einem Gedicht über das erlöste Jerusalem nicht direct genannt wird, hat man sogar einen Herrn von Kaleberg, was aus dem Griechischen stammen soll, Schönburg oder Schönberg bedeutet, ganz in Zusammenhang zu bringen versucht.

Stöckh. I, 15, Mittelbach. Richter, l. c. Schäffner I. a. 6. 84, Schumanns Lex. II., 102. IX. 780. Gautsch Archiv 5. 215 ff Webers Archiv II. 21., Beg. 1909. K. Gall. X. 2.

Ein Ernst von Schönburg zu Glauchau, 1119 gegenwärtig auf dem Turnier zu Göttingen, wird, ganz widersprechend, selbst von Rixner auf die Rheinische Schönburg bezogen.

Stöckh. I, 15, Richter l. c.

Ungerechtfertigt ist endlich die Annahme eines Wolf von Sch., der 1235 auf dem Turnier zu Würzburg gewesen sein soll.

Richter l. c.

Selbst notorische Druckfehler haben zur Verherrlichung des Alters der Familie von Sch. beitragen müssen, so z. B. Fridericus de Schönberg, dominus in Hassenstein, bereits 1135 gelebt und also Hassenstein besessen haben soll. Da nun die Jahrzahl dieser bei Pertsch chron. Port. p. 65 befindlichen Urkunde, wie schon der Zusammenhang, dann aber auch die aus Kuse des Werkes selbst befindliche Druckfehlerliste ergibt, nicht 1135, sondern 1356 datirt, so gehen ohne Weiteres vom Alter der Hassensteiner Linie mehr als 200 Jahre verloren. Aehnliches gilt von Catharina von Schönburg, der Gemahlin Heinrichs sen., Voigt zu Weida, 1170–1906, die jedenfalls auch einer späteren Zeit angehört.

Stöckh. I, 16. Bochler Rsnb. p. 16, 59 u. Abwrstafel.

Regesten des Hauses Schönburg.

1182:

Hermann von Schönburg, schon hochbetagt, soll mit seinem gleichnamigen Sohne den Bau des Nonnenklosters zu Geringswalde bei Rochlitz begonnen haben. Nach seinem Tode wurde er auch in demselben begraben.

Man kennt mit Bestimmtheit das Jahr der Gründung des Klosters nicht, man schliesst es nur aus den Worten der Stiftungsurkunde von 1233 (s. Reg. 1233), in welcher es heisst: quod ex ordine Lucii Pape claustrum sanctimonialium in gerungeswalde . . . ., construximus, und nun Schlusse: hec omnia sunt collata pro testamento II, pie memorie de schoninburc qui gerungeswalde in ecclesia est sepultus. Da nun Papst Lucius III. am 29. Aug. 1181 erwählt wurde und am 25. Nov. 1185 starb (Pagi breviar. III, 117. Platina vite p. 288), so gewinnt obiges Datum an Wahrscheinlichkeit.

In dieselbe Zeit fällt die Gründung der bedeutendsten Klöster und Bisthümer Naumburg und Meissen. Ob bei der Gründung des Klosters Geringswalde (gerungiswalde) der seit 1154 regierende 16. Bischof von Meissen, Gerungus, der allerdings bereits 1170 den 20. Nov. starb (Callea p. 127), von Einfluss gewesen ist, lässt sich nicht beweisen, da die urkundlichen Quellen aus der ersten Zeit der Existenz des Klosters sehr spärliche sind, nur vermuthen; denn schon Knauth (produr. Mien. p. 177) leitet den Namen von Gerungi sylva ab. Auch der Cod. dipl. Sax. reg. gibt uns keine Nachricht über dieses Kloster und die Beziehungen zum Bisthum Meissen, dem es untergeordnet war. Die Gründung des Klosters Remse, 1144, der Augustinerklöster zu Altenburg auf dem Berge, 1172, und zu Celle bei Aue, jetzt Klösterlein, 1173, gaben ohne Zweifel auch den Schönburgern Veranlassung, innerhalb ihrer Besitzungen ein Kloster zu gründen und dasselbe entsprechend zu dotiren. Die Stiftung des Klosters zu Altenburg erinnert übrigens in manchen einzelnen Bestimmungen an die dem Kloster Geringswalde verliehenen Rechte. (Orig. Urk. im Hpt.St.A. Dresden).

1197:

In einer Urkunde, durch welche Hedwigis, Wittwe Markgraf Otto's von Meissen, bezeugt, dass sie, mit Einwilligung ihres Sohnes Dietrich, der Kirche das väterlich ererbte Dorf Eutsch (Ousia) bei Lützen, ohne jegliche Entschädigung geschenkt habe (d. d. 1197, Ind. XV., Non. Jan.), befindet sich als Zeuge neben dem Bischof Bertold von Naumburg, dem Abt Witmemar von Pforta, dem Grafen Meinher von Webeu, Erkenboldus de Goslen, Bertoldus de Schoninburg, Tuto de Dome etc. Jedenfalls gehört dieser Bertold der von der Schönburg bei Naumburg benannten Familie an, in welcher dieser Vorname öfter noch erscheint. (Orig. Urk. im Hpt.St.A. Dresden).

Ein Hermann von Gluch, welcher als Schiedsrichter auf Seite des Klosters Altzelle gegen die Herren von Nossen vorkommt, 1197 den 29. April, wird von einigen Chronisten unserer Familie als einer Adelsfamilie angehörend bezeichnet, die sich von Glauchau, einer der ältesten Schönburgischen Besitzungen, genannt habe. Er aber, wie auch die 1210 erwähnten Brüder Walther und Volkmar von Gluch sind, wie schon Beyer (Altzelle S. 248) richtig erkannt, auf Glaucha bei Lommatzsch zu beziehen. Ueberdies würden auch die übrigen Zeugen, in deren Mitte sich Hermann von Gluch hier findet und welche nur dem niedern Adel angehörten, gegen eine Beziehung zur Familie von Schönburg sprechen.

1212:

1212 den 19. März schliesst Kaiser Otto IV. mit Markgraf Dietrich den Bedrängten von Meissen zu Frankfurt einen Vertrag, nach welchem Letzterer dem Kaiser aufs Neue den früher geleisteten Beistand, selbst gegen den Landgrafen Hermann und den König Ottokar von Böhmen gelobte, wogegen ihm Otto den Schutz der meiss-

nischen Lande und die Beförderung seines Neffen zur böhmischen Krone versprach.
Auf Seite des Kaisers verbürgen sich deshalb als unmittelbare Reichsdynasten und
Vasallen, ausser dem Bruder des Kaisers, dem Pfalzgrafen Heinrich am Rhein, Burg-
graf Gerhard von Leisnig, Burggraf Albert von Altenburg, Heinrich von Colditz,
Heinrich von Weida, Heinrich von Drachenfels (bei Penig), Heinrich von Crimitschau,
auch Hermann von Schönburg.

Wir sehen hieraus, in welchem Ansehen die Familie überhaupt stand und in welcher Unab-
hängigkeit vom Markgrafen von Meissen, der einen seiner Vasallen nicht als vollgiltigen Zeugen
würde haben gelten lassen. Die Territorien Gieringswalde, Glauchau, sowie die später in Schönburgischen Besitz gekommenen Herrschaften Waldenburg, Lichtenstein und Meerane waren nämlich
unmittelbar unter Kaiser und Reich stehende Reichslehen. Darauf deutet hin z. B. die Schenkung
von 1000 Hufen Landes an das Kloster Remse, bei dessen Begründung 1144, durch Kaiser Conrad,
sowie Urkunden von 1213 und 1336. „Alle Thatsachen, schreibt Eckardt Chr. S. 8, sprechen dafür,
dass die Ländereien, welche später in den Besitz des Hauses Schönburg kamen, in den frühesten
Zeiten ebensowohl von den Markgrafen von Meissen, wie von den Königen von Böhmen unabhängig
waren und allein unter kaiserlicher Landeshoheit standen. Wenn es nun auch Vermuthung bleiben
muss, so ist es doch nicht unwahrscheinlich, dass im Laufe des 11. oder 12. Jahrhunderts ein deutscher Kaiser einem Gliede des Hauses Schönburg die beiden Pflegen Glauchau und Gieringswalde für
geleistete treue Dienste, oder tauschweise in gleicher Art verlieh, wie 1077 durch Kaiser Heinrich IV.
die Pflege Groitzsch an den Grafen Wiprecht von Groitzsch, und 1153 durch Friedrich I. Penig,
Leisnig und Colditz an den Grafen Rabod von Abensberg gelangten. In ein Lehensverhältniss zu
Böhmen kamen die jetzigen Schönburgischen Recesherrschaften auf jeden Fall erst unter Kaiser
Karl IV. im 14. Jahrhundert, wie Pelzel in der Geschichte dieses Regenten und der schätzbaren
Abhandlung über die Herrschaft der Böhmen in dem Markgrafthum Meissen darthut. (Abh. der
böhm. Ges. der Wiss. 1787. 1. F. 3. B. S. 89 ff.)

Gretschel I. 70. Urk. bei Erben reg. p. 246. Schultes d. d. II. 474. Meneken ser. III. 1030. Kreysig Beitr. II.
3 Limmer Pösn. S. 319, 328, 329, 353 ff. Schoettgen op. min. p. 245. Stück. I. 17. Palacky II. 73. Origg. Guelferae
III. 807 ff.

1212 den 15. October belehnt Kaiser Friedrich II. den König Ottokar von Böhmen, wegen der Verdienste der
Böhmen um seine Erhebung, mit verschiedenen Schlössern, wie Mylau (Milin), Reichenbach, Lichtenstein, Dohna
und andere.

Palacky II. 75, Limmer Pösn. S. 541. Schoettgen inv. dipl. p. 64. Reg. 1296. Andere setzen diese Urkunde
in das Jahr 1213 den 26. September; Schultes d. d. II. 428. Lünig D. R. A. VI. 272. Eckardt S. 8.

1216:

Kaiser Friedrich II. bestätigt als Reichsoberhaupt die durch Kaiser Conrad III. im Jahre 1144 erfolgte Stiftung
des Klosters Remse z. Z. der Familie von Schönburg gehörig, zwischen Glauchau und Waldenburg. Eine weitere Erneuerung geschah durch Kaiser Heinrich VI. im Jahre 1193. Specielleres über dieses Kloster findet sich in Webers
Archiv III. 203 ff. 344–5. Schultes d. d. II. 185. Lepsius Hochstift S. 56.

1217:

Kaiser Friedrich II. bestätigt am 8. Nov. 1217 die von seinem Vasallen, dem Burggraf
Albert von Altenburg an das Marienkloster daselbst geschenkten Güter und Aecker im Dorfe
Steinwitz (Stenwitz) bei Altenburg und verbietet die Beeinträchtigung dieser Zueignung bei 60
Mark Goldes Strafe. In der hierüber zu Altenburg ausgefertigten Urkunde finden wir unter den
weltlichen Zeugen auch Hermann von Schönburg (Sconinburc).

Schultes dir. d. II. 523.

In dem Tauschbriefe der Grafen von Ortenburg mit der Abtei Waldsachsen, Tursenreuth
betr., findet sich als Zeuge in demselben Jahre u. A. Friedrich von Schönburg (Schonburg).

Lünig R. A. spicil. secul. II. 1855.

1220:

Kaiser Friedrich II. weiset die Schönburgischen Unterthanen nach Magdeburg. Dat. Augustae. II. Cal....
Ind. VIII.

Schöttg. inv. dipl. S. 69. Beckmann Anhalt III. 437. Kröhne.

Markgraf Dietrich von Meissen bezeugt am 25. Aug. 1220, dass Hermann von Muchberch
und dessen Nichte ihren Ansprüchen auf neun Hufen in Zadel zu Gunsten des Klosters Altzelle
entsagt, sowie auch, dass Siegfried von Wezelwalde und sein Sohn Günther mit gedachtem Kloster
wegen streitiger Güter in Kagan nicht ferner rechten wollen. Gegeben zu Colmicz in Gegenwart der
Burggrafen von Meissen, Altenburg und Dewin, Hermanns von Schönburg (scunenberg) etc.

Orig. Urk. im Hpt.St.A. Dresden, abgedruckt bei Märcker S. 405. Beyer Altzelle S. 552.

1221:

Kunegundis de Vesta entsagt am 4. Juni 1221 vor dem Bischof Engelhard von Naumburg ihrem Rechte auf das Dorf Lastau (Lastowe), zu Gunsten des Klosters Buch. Gegeben bei Strele 1221, II. Non. Inn., Ind. XI. Zeugen sind: H. de Strele, Volrad de Koldiz, Hermannus de Sconeburc, Reynardus de Strele, Wicmannus de Nonewiz etc.

Obige Kunigunde war die Tochter Bernhards von Vesta auf Camenz, welcher um diese Zeit starb, und Schwester von Bernhard, Conrad und Volrad von Camenz, welche dieses ererbte Gut Lastau (G.A. Colditz) verkaufen. Unzweifelhaft ist Kunigunde, wie sich aus Mariensterner Urkunden ergibt, die Gemahlin des als Zeuge mit aufgeführten Hermann von Schönburg, denn Bernhard von Camenz junior nennt ihn Schwestermann (sororius).

Das Orig. der Urk. im Hpt.St.A. Dresden wird hier in das Jahr 1218, theils in das Jahr 1220 verlegt. Schultes II. 556, Schöttgen und Kr. dipl. II, 176, Reg. 1290. K. Gall. X. 63 und 56. Eckardts Ansicht für 1221.

1221—1227:

Hermann von Schönburg (Schonenburch) ist Zeuge in einer innerhalb dieser Jahre ausgefertigten Urkunde des Bischofs Bruno II. von Meissen, die das Kloster zum heiligen Kreuz daselbst betrifft.

Orig. Urk. im Hpt.St.A. Dresden.

1222:

Bei dem Zwiste der Herren von Mildenstein mit dem Hochstift Meissen, welcher wegen der Zehenden in der Herrschaft Frankenberg und im Burgwart Gozne entstanden war und weshalb am 21. Jan. 1222 zu Meissen Verhandlungen gepflogen wurden, werden vom Landgraf von Thüringen zu Schiedsrichtern bestellt: Burggraf Meinher von Meissen, Ludolf de Bedstete, Bernhard de Kamenz, Hermann von Schönburg (Sconeburch). Die Publication des Schiedes erfolgte am 28. Jan. in Probsthaida bei Leipzig.

Gautsch Archiv S. 62 ff, erzählt die Fehde ausführlicher, Urk. bei Märcker S. 301. wo auch S. 302 die Beweise stehen, dass dieselbe nicht früher datiren kann, cod. dipl. Sax. reg. II, 1 nr. 92 und 97. Am 29. Jan. e. a. erschien der vierte der betheiligten Brüder vor dem Landgrafen in Leipzig.

Auf dem Landtage zu Delitzsch, den Landgraf Ludwig berufen hatte, bestätigt derselbe eine Schenkung an den Bischof von Meissen. In der Urk. hierüber, gegeben am 6. Juni 1222. kommt u. A. auch als Zeuge vor Hermann von Schönburg (Sconeburg).

Urk. im cod. dipl. Sax. reg. II, 1. Nr. 95 nach dem Orig. im Hpt.St.A. Dresden. Schultes d. d. II, 566. Horn Heinrich d. Erl. S. 295. Schöttgen Wurzen S. 720. Mscr. der deutschen Ges. Leipzig. Meissen I, 143

In demselben Jahre, 1222 Ind. X., erfolgte die Stiftung und Confirmation des Karthäuser-Klosters bei Criminschau durch Bischof Engelhard von Naumburg.

1224:

In einer Urkunde Landgraf Ludwigs von Thüringen über Hufen in Weissig bei Delitzsch (Wizk), welche Volrad von Landsberg und sein Sohn dem Kloster Altzelle geschenkt haben, gegeben auf dem Landtage zu Delitzsch am 2. Mai erscheint als Zeuge: Hermannus de Sconenburg.

Orig. Urk. im Hpt St.A. Dresden.

Desgleichen in einer Urkunde desselben Landgrafen, Schenkungen und den Verkauf des Gutes Leina durch Wichardus de Szcapowe an dasselbe Kloster betreffend, ist Hermannus de Sconneburg Zeuge, auf dem Landtage zu Skölen, am 14. Juli 1224.

Urk. im Hpt.St.A. Dresden, Beyer S. 533.

Als Abt und Convent von Altzelle bekennen, dem Capitel zu Meissen jährliche Zinsen zu schulden, welche sie nunmehr huldigst auf bestimmte Güter anzuweisen versprechen, bezeugen diesen Vertrag mehrere Burggrafen und auch Hermannus de Sconenburch. Gegeben zu Meissen im Nov. 1224.

Urk. im Stifts-A. Meissen, cod. dipl. Sax. reg. II, 1 nr. 98.

Bei den Streitigkeiten zwischen dem Kloster Altzelle und den Dynasten von Nossen wegen eines bei dem Kloster liegenden Waldes, erscheint in einer Urkunde hierüber, neben verschiedenen Burggrafen, auch Hermannus de Sconenburg als Zeuge.

Urk. im Hpt.St.A. Dresden, Märcker S. 289, Beyer S. 534. Mscr. der deutschen Ges. Leipzig.

1233:

Am 2. Januar 1233 erfolgte urkundlich die Stiftung des wahrscheinlich um 1182 gegründeten Nonnenklosters Geringswalde durch Hermann von Schönburg. Als ältestes bekanntes Document des Hauses Schönburg lassen wir die Urkunde selbst, nach genauer Vergleichung mit dem Originale im Archive zu Hinter-Glauchau, folgen:

In nomine sancte et individue Trinitatis Ego Hermanus de Shoninburc universis hanc litteram inspecturis Salutem in salutis auctore. Mundi salvator deus salubriter humano generi prospexit, quod miserrime conditioni subjectum est iras redemptoris sui exasperando incessanter delinquens quod per largitionem elemosinarum et per sanctarum ecclesiarum edificationem, tam criminalium quam venialium peccatorum delicta sua potentia abstergunt testante eo qui elemosinas Aque et peccatorem igni non inmerito comparavit. Quapropter notum facimus universis christi fidelibus, quod ex ordine lucii pape claustrum sanctimonialium in gerungeswalde ad honorem dive et sanctissime genitricis sue marie construximus et dotavimus in hunc modum ad instantiam fidelis nostri plebani de wizdrop contulimus jam dicte Ecclesie de consensu heredum nostrorum coram nostris fassallis et aliis honestis viris jus patronatus ecclesiarum in wizdrop, in lubiniz et sex mansos in shaniwiz XVI mansos in antiquo gerungeswalde et tria molendina cum omnibus pertinentibus ad endem. item quinque areas et fundum castri destructi et opidi desolati, cum piscina eciam adiacente et sylva prope henrichisdorf cum ipsa villa. Preterea contulimus eidem ecclesie et suis rectoribus talem gratiam ut si finut pascua in foresto nostro partem tertiam sibi sumant et ligna sufficientia succidant ad edificia construenda. Ne igitur ausu temerario in posterum hec deo acceptabilia facta ab aliquo infringantur, presentem paginam sigilli nostri munimine roboravimus ad . . . ecclesie supradicte. Adiicientes eciam ne aliquis heredum nostrorum vel villicorum 'nostrorum aliquam in predictis bonis jurisdicionem exerceat, firmiter inhibemus, nisi forte vocatus fuerit a preposito ejusdem loci, qui sine spe acquisitionis iudicaturus accedat. Testes autem hujus facti sunt Conradus de Landisberg, Heinricus et Fridericus fratres de polec Tutores. Timo et volradus fratres de Coldiz, Johannes de Rochliz, Heinricus de hart. Otto de Gerhardesdorf, Heinricus de pichuc. Theodericus de Abindorf, Fridericus de bortiz. Johannes de Aldindorf, Heinricus de Belen Clerici Godefridus de wizdrop, Cesarius de milkowe, Heinricus de ceteliz, gerbote de lyznik, guncelinus, lutolfus, Sifridus, vrbani de Wildinfels. Hy testes erant omnes et alii quam plures vbi hec omnia sunt collata pro testamento II. pie memorie de shoninburc qui gerungeswalde in ecclesia est sepultus. Acta sunt hec Anno domini MCCXXXIII. IIII. Nonas Januarii.

Wir erfahren aus dieser Urkunde, sofern sie authentisch ist, denn der Inhalt gibt zu mancherlei Zweifeln Veranlassung, dass Hermann von Schönburg das Kloster, unter Papst Lucius III., um 1182 gegründet und zwar auf Bitten seines Getreuen, des Pleban Gottfried von Wizdrop und mit Einwilligung seiner Erben zugleich dotirt hat mit dem Patronatrechte in Wizdrop und Lubiniz, mit sechs Hufen in Schaniwiz, sechszehn dergleichen in Altgeringswalde, drei Mühlen mit allem Zubehör und fünf Gütern, nebst dem Grund und Boden eines zerstörten Schlosses und der wüste liegenden Stadt, mit dem dabei befindlichen Triche und dem Wald bei Heinrichsdorf, nebst dem Dorfe selbst. Dazu verleiht er dem Kloster das Recht, in seinem Walde bei Geringswalde das Vieh zu weiden und aus dem Walde das nöthige Bauholz zu entnehmen. Auch verzichtet er in den erwähnten Liegenschaften für sich und seine Nachkommen zu Gunsten des Klosters auf die Gerichtsbarkeit, die in Zukunft nur dann von den Herren von Schönburg ausgeübt werden soll, wenn der Propst freiwillig einen der Schönburger mit derselben beauftragen will. Es ward demnach das Kloster aus eigener landesherrlicher Gewalt des Hauses Schönburg gegründet, zur Ehre der Mutter Gottes für Nonnen des Benedictiner-Ordens.

Betrachten wir speciell die dem Kloster gemachten Schenkungen, so finden wir, dass mit Wizdrop das schon im J. 1216 als Wintropp und Westropp genannte Dorf Weinstropp (G.A. Wildruff) gemeint ist, welches aus der Burg Wos oder Weos entstand, die der Mittelpunkt einer Burgwart des Gaues Nisan war, wozu noch einige Orte gehörten. Die vordere Seite des Dorfes wurde dem Kloster Geringswalde geschenkt, die jedoch Bernhard von Rothschütz 1543 von der letzten regierenden Achtzahl zu Geringswalde wieder zum Rittersitz kaufte. Auf die Stelle der alten Burg ward ein Schloss zu Anfang des 13. Jahrhunderts gebaut, dessen älteste bekannte Besitzer 1271 die v. Maltitz und 1288 die v. Schönburg waren, bis es später in andere Hände kam. Jedoch noch 1314 bekennt Hermann v. Maltitz mit seinen fünf Söhnen an den Cantor des Hochstifts Meissen, Latold v. Gurwitz, Zinsen an Weinstropp verkauft zu haben. Es muss demnach diese Familie immer noch einen Theil des Dorfes besessen haben. (Cod. dipl. Sax. reg. II. 1 nr. 359). Die Kirche deren Patronatrecht das Kloster erhielt, war wahrscheinlich ursprünglich eine Burgkapelle des Schlosses Wos und diente den später sich ansiedelnden Einwohnern durch eine Schenkungsurkunde von 1288 als Kirche.

2

Der Schönburgische Chronist Schiffner erklärt die beiden Orte Windrop und Lubiniz, womit nur Leubnitz oder Leuben (G.A. Dresden) gemeint sein kann, auf eine ganz curiose Weise mit Wittschen und Lipnitz bei Colditz, da 1288 Wizdrop mit noch andern bei Leisnig gelegenen Orten genannt werde, welche Friedrich von Schönburg einem gewissen Lutwid abgekauft habe, um sie dem Kloster zu schenken. Allein, abgesehen von der unmotivirten Wortentstellung, auch aus einer Rüge der Klostergemeinde vom J. 1541: „Dass kein Schäfer, weder von Konstappel, noch Weisstrupp, die Fluren derer von Rothschütz, des spätern Besitzers von Weisstrupp, behüten dürfe“, folgt sogleich die Richtigkeit der Ansicht, dass dieser Ort, in dessen Nähe auch Konstappel liegt, nur bei Dresden zu suchen ist. Wahrscheinlich gehörte diesem Orte auch Theodericus de Wistrop an, der 1286 als vicarius in einer Urkunde des Klosters Stuchau vorkommt, sowie 1299 Thimo de Wistrop (cod. dipl. Sax. reg. II. 1 p. 268) und Conrad de Wystrop, welcher 1337 in einer Burggräflich Meissnischen Urk. erscheint. (S. Bernh. S. 13. Ilasche Mag. VIII. 374. Kirchengall. I. 23. Mitth. d. K. S. Alterth. V. 1. 37).

Unter Schaniwiz ist Zschannewitz oder Tschennewitz (G.A. Wermsdorf) zu verstehen, ein Vorwerk, ein Vorwerk, von dem also bei der Gründung sechs Hufen dem Kloster gehörten; Donnerstag nach St. Thomas 1463 aber verehrte die Aebtissin Anastasia von Schönburg solches als Erbgut an Asmus Puschmann (s. Reg. 1463 und Heine Buchl. S. 144. K. Gall. X. 20).

Die sechzehn Hufen zu Altgeringswalde (G.A. Geringswalde) machten noch 1777 das ganze Dorf aus. (Bernh. S. 6). Die drei Mühlen bezeichen sich auf die Thanmühle, die gleich darunter liegende und die Rinnmühle, wiewohl mit selbigen eine Veränderung vorgegangen sein muss, da sie bei der Reformation nicht mehr dem Kloster, sondern den Herren von Schönburg gehörten. (Bernh. S. 10). Fünf andre Güter heissen das Kloster zu Altgeringswalde, wovon noch 1777 Felder zum Gute gehörten. Das wüste Schloss und die verlassene Stadt kann nur Geringswalde bezeichnen, wenn auch der Name nicht genannt wird, auch heisst noch heute der unterste Theil der Stadt nach Westen zu der Burgberg, obgleich keine Spur eines Schlosses mehr zu entdecken ist. Ein Raubschloss soll gestanden haben, wo jetzt das Hospital sich befindet.

Dieser Ort soll, wie wir oben bereits bemerkten, die erste Wohnung derer Herrn von Schönburg gewesen sein, als sie nach Meissen gekommen und bevor sie Glauchau in Besitz genommen. (Grunn. Beschr. der wüsten Schlösser). Mit diesen Theilen muss, da sie bereits 1283 nicht mehr zu den Klostergütern gehörten, frühzeitig schon eine Aenderung eingetreten sein. Dasselbe gilt von dem bei der wüsten Stadt liegenden Teiche, der gegen Mittag lag. (Bernh. S. 10, 11 und Reg. 1283). Der Wald bei Heinrichsdorf bezeichnet die Fröhna bei Hoyersdorf und das Dorf Hoyersdorf selbst. (Bernh. S. 9. 10).

Verdächtig nannten wir die Urkunde wegen der dem Kloster gewidmeten bedeutenden Freiheit in Hinsicht auf die Benutzung des Schönburgischen Waldes, die in so unbeschränkter Form dem Kloster von grösserm Werthe sein musste. Deshalb dürfen uns die gerade deshalb angewandten Beiheuerungen und Wiederholungen solcher Gerechtsame nicht Wunder nehmen, obschon sie auf der andern Seite auch den Zweifel der Unechtheit bestärken.

Aus den in der Urkunde genannten ersten Zeugen: Conradus de Landisberg, Heinricus et Fridericus fratres de patre Tutores hat man schliessen wollen, dass der Aussteller der Urkunde ein Sohn des oben gedachten Hermann und Enkel des Gründers des Klosters gewesen sei. Wahrscheinlich ist dieser Heinrich von Polez identisch mit dem Heinrich von Polcechw, von welchem das Kloster Buch die Dörfer Langenau, Gerhardsdorf und Kieselbach 1245 kaufte. Langenau gehörte später sogar zum Kloster Geringswalde. (Sch. und Kr. scr. II. 184. Bernh. S. 9. Nochmals erscheint er 1253 bei Liebe S. 61). So spricht Schiffner in den Mitth. des K. S. Alterth. V. 1, 38, während Stöckh. und Limmer Plss. S. 339 nur zwei, Namens Hermann annehmen wollen, wie auch Richter Fam. Sch. I. — Weitere Zeugen sind Timo volradus fratres de Coldiz, die in der Nähe von Geringswalde begütert waren. Die übrigen Zeugen, welche dem Schenkungsacte beiwohnten, scheinen Schönburgische Vasallen gewesen zu sein z. B. Johannes de Rochliz, Heinricus de hart (vielleicht Hartha bei Geringswalde), Otto de Gerhardesdorf, womit jedenfalls der 1258 wieder erwähnte Gemahl Bertha's von Schönburg gemeint ist, Heinricus de pichne z. s. w. Heinricus de Belen, genannt von dem Orte Böhlen, wo das Kloster 4 Scheffel Korn und ebensoviel Hafernzinsen besass, welche es 1268 wieder verkaufte. (Ein Johannes de Bele im 1268 Zeuge in einer bischöflich Meissnischen Urk. im cod. dipl. Sax. reg. II. 1 nr. 206. Sch. und Kr. scr. II, p. 194. Bernh. S. 14). Ob mit Johannes de Aldindorf das Dorf Altendorf im Altenburgischen, im Kirchspiele Cosma gemeint ist? In einer Handschrift der Rathsbibliothek zu Leipzig, welche die Schönburgischen Vasallen aufzählt, wird keiner der hier vorkommenden Namen angeführt.

Die Urk. ist uncorrect abgedruckt bei Bernh. S. 53. Weller Altes I. 573 und V. G. A. L. 3. An ihr befindet sich, mittelst Pergamentstreifen befestigt, das älteste bekannte Schönburgische Siegel, ohne Umschrift, noch wohl erhalten.

1234:

Heinrich, Bischof von Meissen, überweist dem Zdizlaus von Schönburg (Schoninberg) mehrere bischöfliche Zehnten jenseits der Neisse an den Grenzen der Orte Jeswiken, Duekamnegorke und Tyzowe, „pro restauro“ des Dorfes Bernhardisdorf. Gegeben zu Schönberg (Schoninberch) in der Oberlausitz am 22. Sept. 1234.

Diese Urkunde, welche sich, mit dem ziemlich wohlerhaltenen Siegel des Bischofs an Fäden von blassgelber Seide, im Hpt.St.A. zu Dresden befindet, ist abgedruckt im cod. dipl. Lus. sup. ed. II. I, 43 und cod. dipl. Sax. reg. II. 1, nr. 117. Sie ist den älteren Schönburgischen Chronisten unbekannt geblieben; zuerst hat Schiffner im N. Laus. Mag. 30 S. 284 nachgewiesen, dass jener Zdizlaus nur ein Schönburg sein könne, nicht allein, weil er nobilis vir genannt wird, sondern auch, weil die Regesten der Jahre 1283, 1290 und 1293 solche Behauptung ohne Weiteres rechtfertigen, gegenüber der unmotivirten Behauptung Märckers (S. 249), welcher einen Stammvater der Schönberge daraus machen will. Mag es bei der verwandten und oft gleichen Schreibart nicht immer leicht sein, in seenebere u. s. w. ein „Schönburg“ oder „Schönberg“ ohne Mühe herauszufinden, die böhmischen und lateinischen Urkunden sind in dieser Hinsicht mit Seumburgk oder Seumburg deutlicher, so ist doch hier kein Zweifel und demnach die Stammreihe der Schönburger bereichert, ohne dass man freilich den Zusammenhang, ob Zdizlaus Hermanns Bruder oder Sohn gewesen ist, anzugeben vermag. Doch lässt sich schon jetzt mit ziemlicher Sicherheit behaupten, dass die Herren von Schönburg eher in der Lausitz, als in den meissnischen Landen begütert waren und dass daher die Besitzer der Pflege Geringswalde und Glauchau möglicherweise nur eine Nebenlinie der Lausitzer Familie bilden, wie wir oben beim Ursprung der Familie bereits angedeutet haben.

Im Görlitzer Anzeiger, wo diese Urkunde deutsch übersetzt ist und auch im cod. dipl. Sax. reg. l. c. wird die Burg Schönberg (Sconinberc), in welcher die Urkunde ausgefertigt wurde, auf das Städtchen Schönberg in der Oberlausitz bezogen und analog der Ansicht Märckers auf die Familie von Schönberg zurückgeführt. „Die Burg, östlich von der Stadt, bewohnt der edle Herr von Schönberg, ein Vasall des Bischofs von Meissen." Unter Bernhardisdorf, das Zdizlaus zur Hälfte abgetreten hatte und wofür er tauschweise, zur Entschädigung (pro restauro, in der mittelalterlichen Bedeutung) jene 10 Hufen erhielt, hat man Altbernsdorf bei Bernstadt oder richtiger vielleicht Bernstadt selbst zu verstehen.

Die Orte Duckamnegorke, Jeswiken und Tyzowe sucht Märcker (S. 249 Note 105), ohne specielle Nachweisung, auf dem rechten Ufer der Neisse. Dies ist aber ein Irrthum, denn da die Urkunde zu Schönberg bei Görlitz ausgestellt ist, so bezieht sich „ex alio latere Nize" auf das linke Ufer des genannten Flusses. Duckamnegorke ist daher Nieder-Gurig (G.A. Budissin). auch Nieder-Gorkau genannt, ¹, Meilen unterhalb Budissin, auf dem linken Ufer der Spree gelegen und Jeswiken, das ganz nahe dabei befindliche Jeschütz oder Jäschütz (G.A. Budissin). Beide Orte lagen im Bezirke des Burgwardints Loga, welches eine Unterabtheilung des Untergaues Budissin ausmachte. Tyzowe ist das heutige, eine Meile südöstlich von Niesky gelegene Diehsa. Es gehörte zum Castellanate Trebus und lag auf der Ostgrenze desselben. Da nun Nieder-Gurig und Jeschütz auf der Westgrenze des Castellanates Baruth lagen, so gehörten die bischöflichen Güter, von welchen Zdizlaus von Schönburg die Zehnten erhielt, zu den Castellanaten Trebus und Baruth. Ersteres hatte der Bischof durch eine Urkunde d. d. Cal. Jan. 1086 von Kaiser Heinrich II. geschenkt erhalten.

1238:

Am 29. Oct. 1238 erfolgte durch Papst Gregor IX. die Bestätigung der Stiftung und Schenkungen Hermanns von Schönburg für das Kloster Geringswalde und die demselben übergebenen Besitzungen durch eine Bulle.

Daraus ersehen wir, dass das Kloster ein Benedictiner-Nonnenkloster und dem Bisthume Meissen untergeordnet war. Nach Einigen soll es erst zu einem Mönchskloster gestiftet worden sein, auch sollen schon Mönche daselbst verkehrt haben. Gewidmet war das Kloster der Mutter Maria und nach einer Urk. von 1288 dem Evangelisten Johannes, sowie nach Urk. von 1297 dem Täufer und dem Evangelisten Johannes. Die Patronatsrechte von Wizdrop und Lubiniz sowie der Besitz des Dorfes Heinrichsdorf mit Zubehör, nicht minder alle von Hermann von Schönburg verliehenen übrigen Freiheiten werden hier bestätigt. Die Advocatur oder Schutzgerechtigkeit über das Kloster hatte, wie sich aus einer Urkunde ergibt, das Haus Schönburg und durfte ohne Wissen und Willen desselben nichts Wichtiges vorgenommen und geändert werden. Auffallend ist es, dass die grosse Freiheit des Klosters aus dem Walde des von Schönburg den Bedarf von Bauholz u. s. w. zu decken, gar nicht besonders erwähnt wird, was unsern Zweifel, beim J. 1233 ausgesprochen, nur vermehrt.

Noch haben wir, was den Namen des Klosters betrifft, einen Irrthum Bernhardi's und Richters zu berichtigen. Beide behaupten, das Kloster habe noch einen zweiten Namen: „Das Kloster Egra" gehabt. Diese falsche Annahme ist dadurch entstanden, dass Beide die in Urkunden einer und derselben Person oder Sache gebräuchliche Abkürzung im Texte: Egra für Egenannt nicht zu deuten vermochten. Die Urk. ist abgedruckt bei Bernh. B. 54, V. G. A. M. 3. Ausserdem s. Limmer Pleuhl. B. 339. Richter Fam. Sch. I. Heine Rochlitz B. 149. Anal. Sax. 1767 B. 67. Bernh. N. 8. Stöckh. I. 17.

1243:

Hans von Schönburg soll in diesem Jahre gestorben sein. Ein Hans, Graf von Schönburg, der jedoch kaum unserer Familie angehören dürfte, hielt sich 1257 am Hofe des kurze Zeit bestandenen römischen Königs Richard zu Köln auf.

Weller Alte VII. 32. Stöckh. I. 17. Richter l. c. nennt ihn einen Sohn Hermanns von Schönburg.

1247:

Friedrich von Schonenburc verkauft dem Kloster Geringswalde, mit Einwilligung seiner Schwestern Bertha und Agatha, sechs Hufen in Ostrau (Oztrowe).

2*

Venerabili domino suo Misnensi episcopo F. de Schonenbure per.... hermann discretioni vestrae litteris presentibus notum facio quod ad instanciam et petitionem dilecti mei praepositi de Gerungeswalde et monialium quae ibidem deo deserviunt sex mansos in oztrowe et duos in gerungeswalde cum omnibus attinenciis de consensu coheredum et sororum mearum Berhtae videlicet et Agate dicto conventui vendi et contuli pleno jure. Quia vero facta hominum cum ipsis simul intereunt nisi litterarum et testium munimine fulcrantur discretionem vestram rogo cum omni diligencia quatenus hoc factum meum dignemini vestris litteris et sigilli nostri munimine confirmare ne ab aliorum successorum meorum aliqua possit eidem ecclesiae calupnia suboriri. (S. l. et a.).

Diese bisher ungedruckte Verkaufsurkunde, im Orig. auf Perg. im Hpt.St.A. Dresden, mit dem Siegel Friedrichs von Schönburg, trägt weder Ort noch Zeit der Ausstellung, doch scheint sie dieser Zeit anzugehören, wie sich aus Theil aus dem Folgenden ergibt.

Am 20. Febr. desselben Jahres verkaufen Propst Wigand und die Nonnen in Geringswalde dem Kloster Altzelle dieselben Hufen in Ozstrowe, mit Einwilligung Friedrichs von Schönburg, des Stifters ihres Klosters, wie es in der Urkunde heisst, von dem sie dieselben erkauft haben, indem sie hinsichtlich jeder Anfechtung, die wegen dieser Hufen gegen das Kloster Altzelle entstehen könnte, Gewähr leisten. Die Klosterjungfrauen Hedwig Priorin, Kunegundis Subpriorin, Hermudis Scholastica, Hildebergis Cellenaria, Elysabeth Sacrista, Johanna Portaria, Jutta Camenaria, Bertradis Subcellenaria, Gertrudis von Misne und die übrigen Nonnen geben die Zustimmung.

Gegeben 1247, X. Cal. Marcii, ind. VI. Beyer Altzelle S. 546 nr. 107. Die Jahreszahl 1347 daselbst ist ein Druckfehler.

Friedrich von Schönburg (Sconeburch) und dessen Schwestern Bertha und Agatha genehmigen den vorstehenden Kauf unter anhängenden Siegeln Friedrichs und der Ehegatten seiner Schwestern, quia sigillis non utimur propriis, Dat. 1247 Sexte Indict.

Von den drei Siegeln führt das mit der Umschrift: Sigillum Ottonis de .. artsdorf (Gerhartsdorf) einen durch einen horizontalen Balken getheilten dreieckigen Schild, das zweite zeigt in einem dreieckigen Schilde mit abgerundeten Spitzen zwei von der rechten nach der linken Seite schräg herabgehende Balken mit Arabesken geschmückt und die beschädigte Umschrift: ... Frider.... homenb ... Das mit der Umschrift Sigillum Gnuteri de Crimasov (Crimitschau) besteht aus einem dreieckigen, der Länge nach getheilten Schilde. Im rechten Felde einen halben Adler mit ausgebreitetem Flügel, im linken eine halbe Rose, letztere als Zeichen der Verwandtschaft mit den Burggrafen von Altenburg, die eine ganze Rose im Wappen führten. S. Beyer Altzelle S. 546 nr. 108.

1248 den 15. April bestätigt Bischof Conrad von Meissen obigen Verkauf. Act. in Cella 1248. XVI. Cal. Maji. Ind. VI. Pont. A. VIII. S. Beyer Altzelle S. 547 nr. 111. Ostrau ein Dorf bei Colditz gehört zum G.A. Leisnig.

1251:

Markgraf Albert von Landsberg gebietet, die vom Kaiser Friedrich II. in Altenburg gemachten Stiftungen und Wohlthaten festzuhalten und bestätigt dieselben. Gegeben zu Altenburg den 15. Juli. (Id. Julii, Ind. IV.) Zeugen dabei sind: Heinrich der Aeltere von Plauen, Heinrich der Aeltere von Weida, Friedrich von Schönburg (schonneburgk), gunter von Crimitschau (crimitschaw) u. s. w.
Müth. d. Ges. d. Osterl. II, 168.

Als in demselben Jahre Markraf Heinrich von Meissen und des Osterlandes den Verkauf zweier Dörfer an das Kloster Altzelle, durch Günther von Biberstein, genehmigt, ist in Altzelle 1251, V. Id. Aug. Ind. IX. mit gegenwärtig: Albertus praefectus de Lizenik, Heidenricus de Girmenhain, Otto de Nuschin (Nossen), Vlricus de Malthiz, Hermannus de Schonenbere etc.
Urk. bei Märcker S. 410. Beyer S. 549. Eiben regesta p. 591. Maer. d. disch. Ges. Leipzig.

1258:

Friedrich von Schönburg (Schonenbure) benachrichtigt das Kloster Altzelle, dass Adelheit, seine Nichte, die Tochter seiner Schwester Bertha, die Gattin Heinrichs junior von Crimitschau (Crimazhowe) auf alle Ansprüche an dem Dorfe Schere verzichtet hat.

Zeugen sind: Albert jun. Burggraf von Altenburg, Heinrich von Wildenfels, Heinrich von Opz, Sifrid von Hain, Sifried von Herenberg, Tuto von Giozniz, Thüm von Leisnig, Heinemann von Berka (Birke), Heinrich von Schellenberg. Act. 1258, mense Junio.

Aus dieser Urkunde und der Reg. 1247 ergibt sich demnach, dass Friedrich von Schönburg zwei Schwestern hatte, von denen Bertha an Otto Ritter von Gerhartsdorf und Agatha an

Günther von Crimitschau verheirathet war, während Bertha's Tochter, Adelheid, wiederum die Gemahlin Heinrichs junior von Crimitschau war. Denn einmal die erhaltenen Buchstaben des oben beschriebenen Siegels, dann aber auch eine Urkunde vom J. 1259, in welcher am 27. Nov. Markgraf Heinrich bestätigt, dass Otto Ritter von Gerhardesdorf dem Kloster Altzelle 11½ Hufen, ebenfalls in Schere verkauft und auf dem Laudding zu Cholmen übergeben habe, mit Zustimmung seiner Gattin Berchtha, von welcher ihm diese Besitzung zugebracht worden, zeigen die Richtigkeit obiger Zusammenstellung.

Orig. Urk. im Hpt.St.A. Dresden nr. 582. Beyer S. 551 nr. 129 und 132. Webers Archiv II, 143. Otto von Gerhardesdorf war schon 1233 Zeuge. Schere ist Scherrau im G.A. Lommatzsch.

1261:

Friedrich von Schönburg (Schonenburch) übergibt mit Einwilligung seiner Kinder Hermann, Friedrich, Dietrich und Friedrich dem Nonnenkloster in Geringswalde die peinliche Gerichtsbarkeit, den Blutbann, an allen demselben zustehenden Orten der Umgegend, welche bisher unter seiner Gerichtsbarkeit sich befanden.

Diese Urkunde ist von hoher Wichtigkeit für die Geschichte des Hauses Schönburg, weil sie zeigt, welche grosse Rechte ihm gehörten. Der Blutbann, oder die Gerichtsbarkeit über Hals und Hand, galt um das J. 1000 als mit der geistlichen Würde und dem Grundsatze, ecclesia non sitit sanguinem, unvereinbar. In mehreren fürstlichen Wappen, z. B. im sächsischen und brandenburgischen ist dieses ursprünglich wichtigste Regal durch ein besonderes, einfach rothes Feld angedeutet, sowie auch ehemals bei solennen Aufzügen neben den Fahnen mit den Wappen der Provinzen eine rothe, die Blutfahne genannt, figurirte. (Lepsius 10, 137). Das Augustinerkloster zu Altenburg erhielt bei seiner Gründung, die jedenfalls kurz vor der Gründung des Klosters Geringswalde erfolgte, 1172, ebenfalls vom Kaiser Friedrich eigene unbeschränkte Jurisdiction, mit Einschluss des Blutbannes, per omnem proprietatem suam judicium vitae et necis, und wurde von aller weltlichen Gerichtsbarkeit eximirt, indem der Kaiser die Advocatie über das Kloster, dessen Personen sich selbst und dem Reiche und zwar mit der Zusicherung vorbehielt, dass dieselbe nie an irgend Jemand verliehen werden solle. (Leps. S. 57). Sollte nicht dieses Beispiel Veranlassung für Friedrich von Schönburg geworden sein, ähnliche Freiheiten seiner Stiftung zu widmen, da ihm theils durch die benachbarte Lage, theils durch dieses Kloster gemachte Schenkungen die Verhältnisse bekannt waren?

Einige wollen sogar im Namen Schönburg, Sconeburg, Sconeburch und, wie man behauptet, gleich den Schönbergen, Skonowe geheissen, was von dem slawischen skon, das Lebensende, stammend, eine Andeutung auf das Recht über Leben und Tod enthält, die Bedeutung eines Dynasten erblicken, was wahrscheinlich Anfangs gar kein Name, sondern nur Bezeichnung einer Würde gewesen sein soll, ähnlich wie Rochlitz und Kochsburg von rok, das Urtheil, der Spruch, also Urtheilsburg, Ortenburg.

Zum ersten Male wird in dieser Urkunde der Stadt (oppidum) Geringswalde gedacht, welche 1233 noch eine wüste Stadt (opidum desolatum) genannt wurde. Von besonderem Interesse jedoch sind uns die Zeugen: Conradus de borln miles. R. de musella. H. plebanus in glochow. Jo. plebanus in Liclinsten. Die beiden ersteren sind Schönburgische Vasallen. In der beim J. 1233 erwähnten Handschrift werden die milites de musella als ursprünglich mit den Schönburgern in diese Lande gekommen und als diejenigen bezeichnet, deren Nachkommen noch leben. Sie erhielten als Lehen die Rittergüter Mosel, zwischen Glauchau und Zwickau, welche auch bis zum Ende des 18. Jahrhunderts in dieser Familie blieben (s. Einleitung, Kröhne dipl. O. f. 85 und Stöckh. I, 8). Zu derselben Familie gehört auch jener Lutoldus miles dominus de musella, dessen nachgelassene Aecker und Wald im Jahre 1388 dem Kloster Geringswalde bestätigt wurden, sowie Henricus frater und Henricus et Johannes filii Rheinbotonis de Musella, welche Zinsen in Weissenborn bei Zwickau dem Kloster Grünhain 1324 schenken, wegen welcher sie ebenfalls Schönburgische Lehensträger waren. Derselbe Henricus filius Reinboti verkauft abermals 1342 eine Hufe in Weissenborn demselben Kloster. Lutoldus de Moseln ist 1262 den 1. März Zeuge unter einer Merseburger Urkunde, ein gleichnamiger miles der Herren von Colditz in Nossen 1320 den 11. März (cod. dipl. Sax. reg. II. I. nr. 191). Conrad von der Mosele wird 1443 erwähnt (Sch. und Kr. ser. II. 521) u. s. w. Die letzteren beiden obigen Zeugen sind die ersten Geistlichen, die wir aus den Schönburgischen Städten Glauchau und Lichtenstein kennen. Sie treten abermals 1388 auf.

Als Ausstellungsort wird Glauchau, gluchow, genannt, ebenfalls zum ersten Male, so dass sich der Besitz dieses Ortes in der Familie Schönburg über 600 Jahre zurück datirt.

Glauchau ist wahrscheinlich unter Heinrich I., im Anfang des 10. Jahrhunderts gegen die Sorbenwenden angelegt, die erst 1087 vom König Vratislav von Böhmen besiegt und unterworfen worden sein sollen. Immerhin bleibt es eine Stammbesitzung der Schönburger und wird ihnen für ihre Dienste im Kriege als kaiserliches Geschenk verliehen worden sein. Wenn allerdings Schultes (dir. dipl. I, 6) sagt, dass bereits im J. 786 Kaiser Karl der Grosse dem Ritter Ludwig dem Aeltern, seinem obersten General, sowie dessen Erben als Belohnung einen grossen Landstrich, desgleichen die Städte Glichau und Aschke mit Zubehör geschenkt habe und im Register unter Glichau unser Glauchau gemeint ist, so ist das ein Irrthum, da zu seinen Zeiten nicht einmal die Burg Gluchowe stand, nicht zu gedenken der Stadt, die viele Jahrhunderte später und zuerst in der Nähe des Schlosses sich bildete. Andere wollen wissen, dass das Schloss in Glauchau in alten Zeiten die schöne Burg geheissen habe und das Schönburgische Hauptstammhaus sei, aber auch diese Behauptungen bedürfen erst weiterer Bestätigung. Das Schloss lag damals in dem grossen Walde, der Miriquidi oder Miriquido hiess und bis in die Gegend von Rochlitz und Colditz reichte, nemus quod est inter Daleminciam et Bohemiam. Vor dem 13. Jahrhundert war diese ganze Gegend undurchdringlicher Wald. Die ersten Anbauer sind Sachsen und Franken gewesen, indem die Sachsen sich von Sachsenburg bis Döbeln, die Franken aber um Frankenberg herum ansiedelten.

Das Original dieser Urkunde auf Pergament besitzt die deutsche Ges. zu Leipzig. An rothseidenen Fäden hängt ein Bruchstück eines ovalen Wachssiegels mit den noch kenbaren Ueberresten eines Schrägbalkens und den Buchstaben ... DES... Abgedruckt verbessert in der Mitth. der deutsch. Ges. I. 1. S. 148, vorher bei Bernh. S. 54. V. G. A. N. 3. N. Keys. Beitr. VI. 17. Kröhne Dipl. B. setzt die Urkunde fälschlich in das J. 1291.

Als 1261 den 15. Juli Markgraf Albert von Meissen und seine Gemahlin Margaretha den Brüdern des deutschen Hauses zu Altenburg alle Rechte, die sie auf die Wälder um Altenburg von den Kaisern Heinrich und Friedrich erhalten haben, bestätigen, erscheint als Zeuge in Altenburg: Guntherus de Crimaschowe (Crimitschau), Fridericus de Scunenhure etc.

Orig. Urk. im Hpt.St.A. Dresden nr. 606. Dat. id. Jul. Ind. V.

1264:

1264 den 15. März (Id. Mart.) restituirt Landgraf Albert von Thüringen dem Grafen Erwin von Gleichen die Gerichtsbarkeit über verschiedene Dörfer. Diese Urkunde bestätigen als Zeugen: Volrad von Colditz, Theodericus von Leisnig, F. und H. von Sconenburg, womit Friedrich und Hermann von Schönburg gemeint sind.

Sagitt. Gleichen S. 62. Menck. scr. I. 536. III. 1133. Schwarz bggr. Leisn. p. 201.

1265:

Das Kloster Geringswalde verkauft dem Kloster Bosau bei Zeitz alles Eigenthum in Pridop für 90 Mark. Zeugen dieser Urkunde sind: Fridericus de Schonenburg, Heinricus de Cozzitz, Heinricus de Wildenburn, Volradus de Gerstenberg, Johannes presbiter socius noster, Hermudis priorissa, Hedewigis de Kurn, Gerdrudis cameraria de Misna, Elyzabeth cantrix, Johanna custrix, Bertrudis celleraria etc. Propst war Johannes. Acta sunt 1265, ind. VIII.

Unter Pridop ist wahrscheinlich Prossen zu verstehen. Leuckfeld und Schamelius, (Chronik von Bosau), sagen nichts von diesem Verkaufe. Letzterer gibt nur die ohngefähre Ueberschrift der Urkunde. Heinricus de cozzitz. Schönburgischer Vasall (ob vom Stammorte Coschütz G.A. Elsterberg?), erscheint nochmals 1269 in einer Urkunde des Klosters Gerings-walde werden uns hier weitere Namen genannt, die Priorin Hermudis ist wahrscheinlich die frühere Scholastica. Hedwig de Kurn dem Dynastengeschlechte von Kohren angehörend. Gerdrudis de Misna, cameraria, schon 1247 im Kloster. Der Probst Wigand war demnach todt.

Die Urk. ist abgedruckt bei Sch. und Kr. scr. II. 445, s. Bernh. S. 13. Ueber Cozzitz Liebe Nachlese S. 20. 22. Schöttg. hist. terrae Plisn., K. Gall. XI. 194.

1266:

Landgraf Albert von Thüringen bestätigt in Eckartsberga, 1266 zu Michaelis, dem Kloster Pforta sechs Aecker in Auerstädt, wobei als Zeuge Henricus de Schonenberc vorkommt. Wir wagen nicht zu behaupten, dass dieser Heinrich unserer Familie angehört, dasselbe gilt von einem Heinrich in mehreren Urkunden desselben Klosters von 1271.

Orig. auf der Rathsbibl. in Leipzig. cod. mscr. p. 237. Schöttg. op. min. 264. Bersuch chr. Port. p. 37 ll und 75. Sch. und Kr. Nachlese L 170, 171.

1268:

Der Bischof Witego von Meissen confirmirt die Errichtung der Pfarrkirche zu Burtewitz (G.A. Wurzen) und überweist zur Dotation Korn- und Haferzinsen im Dorfe Podlusitz und Belen (Pudelwitz. G.A. Colditz. und Böhlen. G.A. Leisnig oder Grimma), welche vom Nonnenkloster Geringswalde erkauft worden waren. (Sch. und Kr. scr. II. 194. Bernh. S. 14).

1270:

Als Heinrich Voigt von Weida und Herr von Plauen am 24. Februar 1270 dem Kloster Grünhain das Dorf Königswalde geschenkt hatte, bestätigt Landgraf Albert diese Schenkung. Hierbei und bei der am 25. Februar erfolgten Uebergabe zu Altenburg ist u. A. auch Friedrich von Schönburg (Schonenberg) gegenwärtig.

Königswalde ist das bei Werdau liegende Dorf. Schöttg. und Kr. scr. II. 530. Horn Handbibl. S. 307. K. Gall. XI. 56 und 104.

1271:

Friedrich von Schönburg, Fr. miles de Scomenberg, schenkt dem Kloster zu Eisenberg einige Häuser und Hufen in Camburg.

Die Urk. Landgraf Alberts von Thüringen ist datirt Eckartsberga, den 20. April 1271 und steht in Radolphi Gotha dipl. V, 198. König Adelheid. II, 852. Dass diese Urk. als Beweis genommen wird für eine Abstammung der Hauses Schönburg von den bischöflich Naumburgischen Ministerialen der Schönburg bei Naumburg, besonders auch wegen der Benzichnung milles, haben wir oben, in der Einleitung, bereits bemerkt.

Auf dem Landtage zu Lommatzsch, den Heinrich der Erlauchte abhält, erscheint auch Hermann von Schonenburg, Ritter, womit jedenfalls ein Schönburg bezeichnet ist. Hier bestätigt der Markgraf, dass der Propst zu Budissin und fratres dicti de Milbuz al. Milburg nach dem Tode ihrer Mutter Beatrix, den ererbten Besitz im Dorfe Wiztrop getheilt haben. Zeugen sind Heinricus de Sidin (Sitten), Gebhardus protonotarius, Hermannus miles de Schonenberg et multi milites de terra nostra. Da nun unsere Familie mehrfach bei Weisstropp (s. Reg. 1233 und 1238) interessirt ist, wird es nur wahrscheinlicher, dass dieser Hermann, obschon Schonenberg und miles genannt, ein Schönburg ist.

In demselben Jahre schenkt Walter, Propst des Klosters Geringswalde, demselben das aus eigenen Mitteln erkaufte Dorf Sconistat, Schönerstädt (G.A. Hartha), damit die Nonnen sich von den Einkünften desselben Schleier, facietergia, kaufen können. Die Einnahmen reichten aus für 60 Nonnen, doch ist es ungewiss, ob in diesem Jahre, oder überhaupt jene Anzahl Nonnen vorhanden war. Der Bischof Witego von Meissen, Friedrich von Schönburg, der honorabilis advocatus noster heissen, und das Kloster hingen die Siegel an die Schenkungsurkunde.

Die Urkunde ist abgedruckt bei Hernh. S. 55 und V. G. A. O. 3.
Schönerstädt blieb von jener Zeit an im engsten Verbande mit dem Kloster, bis zu dessen Aufhebung und scheint der Pleban einen grossen Theil seiner Subsistenzmittel von daher erhalten zu haben. Bis in die neuere Zeit wurden z. B. sechs Klastern Buchenscheite aus des Klosters Eigenthum zum Pfarramte Schönerstädt jährlich geliefert. (K. Gall. XL 186). Unter Advocati verstand man Beamte, denen in einem gewissen Bezirke eine ansehende und richterliche Gewalt übertragen war. Dieser Auftrag konnte vom Kaiser, oder von einem Reichsfürsten herrühren. Ebenso hiessen die Schutz- und Schirmherren der geistlichen Stifter Advocati, Voigte, weil sie im Stiftsgebiete Gericht hielten. So wurden z. B. 1150 die Herren von Plauen Advocati der Stifter dieser Gegend und zuletzt zu Erbvoigten der Gegend gemacht, daher terra advocatorum, d. h. Voigtland. Advocatio, Voigtding. Voigtei und Jurisdictio sind daher gleichbedeutende Bezeichnungen in der Verfassung des Mittelalters. In der Regel musste jedes Kloster einen Advocaten haben, welcher gewöhnlich aus der Familie der Stifter genommen war z. B. in Marienstern aus der Familie von Camenz. Diese Schutzherren bezogen von ihren Schutzbefohlenen erhebliche Revenüen, weshalb die Klöster sich der Advocaten zu entledigen suchten, während adelige Familien sich nicht selten aufdrängten, woraus viele ärgerliche Streitigkeiten entstanden. Hinsichtlich des Klosters Remse s. Eckardus Gesch. von Remse, dann Schnitzes dipl. 2, 35 und besonders Baumers Hohenstaufen VI, 415 ff. Reg. 1238, Lepz. Rudelsh. K. 19, Paullini de advocatiis et oeconomia monasticis discursus Jen. 1686. Der beim J. 1265 genannte Propst Johann scheint in Walter seinen Nachfolger gehabt zu haben.

1271 den 16. Nov. belehnt Markgraf Dietrich von Landsberg Gebhard und Gerhard Gebrüder von Querfurt, Ritter, mit Schloss und Stadt Sangerhausen. Zeugen sind: Otto von Arnshaug, Burggraf Meinher von Meissen, nobiles, Fridericus de Schonenburg, miles marchionis etc. Dat. Gruitzsch, XVI. Cal. Dec., Ind. XV., 1271.

Orig. Urk. im Hpt.St.A. Dresden nr. 776. Sie bestärkt unsere kurz vorher gemachte Behauptung, indem hier Friedrich von Schönburg sich miles marchionis nennt.

1273:

Günther von Crimitschau bestätigt, 1273 Ind. I., die im J. 1282 erfolgte Stiftung der Carthause bei Crimitschau. Wir verweisen deshalb auf die Chroniken von Crimitschau und K. Gall. XI, 109.

1274:

König Otakar von Böhmen bestätigt dem Kloster Zwetl das Recht, jährlich zwei Talente Salz auf der Donau ohne jeglichen Zoll und Abgabe zu führen. Gegeben Wien, 1274 den 3. Mai (inv. crucis). Zeugen sind: Reimbertus et Hadmarus de Schonenburch, Chunradus et Sifridus fratres de Purchperch etc.

Dipl. apud Borsch in col. dipl. Morav. V, 256. Dieselben beiden Schönburg finden sich auch noch in einer Urk. von demselben Tage, l. c. 258.

1276:

Burggraf Albert von Leisnig übergibt am 12. Juli 1276 (IV. Id. Jul.) dem Nonnenkloster in Geringswalde sieben Hufen in Beiersdorf, die bisher Eberhard de Liedelo von ihm in Lehen und nun zu Gunsten des Klosters resignirt hatte.

Al(bertus) Burcgravius de leiznik universis christi fidelibus presentem litterarum inspecturis salutem in domino. Que geruntur in tempore ne finiter labantur cum lapsu

temporis poni solent in linguis testium vel scripture memoria perhennari. Notum
siquidem esse cupimus christi fidelibus universis et presentibus protestamur quod ad
honorem dei et beatissime matris ejus septem mansos sitos in Beiersdorf solventes
tria talenta quos Eberhardus dictus de Liedelo tenuit a nobis in feodo et in manus
nostras liberaliter resignavit cenobio sanctimonialium in Geringeswalde contulimus
perpetuo possidendos cum omnibus suis pertinenciis et cum omni prorsus utilitate que
nunc eisdem inest ut inesse poterit in futurum. vt autem hec nostra donatio proce-
dente tempore stabilis perseveret eisdem sanctimonialibus in testimonium super eo
presens dedimus instrumentum sigilli nostri munimine roboratum. Acta sunt hec anno
incarnationis domini M° CC° LXXVI°. IIII° Idus Julii. Hujus rei testes sunt honorabiles viri Dominus Johannes prepositus dicti loci. Dominus Odalricus archiplebanus
de liznik. Dominus laurencius plebanus de koldiz. Dominus Sifridus de Scherlin.
Dominus hermannus de Bruningesdorf. Dominus Johannes miles de Reinhardesdorf.
Dominus heinricus de Minkwiz. Albertus de Bortwiz. Volcmarus de Drogeniz. Jor-
danus castellanus de castro liznik et quam plures alii fide digni.

So lautet die bisher ungedruckte Urkunde auf Pergament, an welcher das Siegel fehlt.

Beyersdorf gehört zur Kirche in Altenhof im G.A. Leisnig. Die Familie de Liedelo stammt vom Gute Lödla
bei Altenburg. Albrecht von Lydelow kommt urkundlich seit 1270 vor und heisst 1299 der Vater Heinrichs. Die Familie
erscheint bis gegen Ende des 14. Jahrhunderts häufig in Urkunden, zuletzt der Ritter Hans von Lödla 1382—97. (Mitth.
d. Osterl. Ges. V. 113). Propst des Klosters Geringswalde ist Johannes. Beiersdorf zinste an das Kloster mit der Lehen
von zwei Mann und einem Garten, ein neues Schock zwei Groschen. (Beruh. S. 14).

1277:

Heinricus de Schonenborg ist Zeuge, als Markgraf Dietrich von Landsberg die
Gerichte zu Eichsdorf, Echesdorf juxta villam Cheune, dem Stift Merseburg verkaufte, desgleichen
als Landgraf Albert von Thüringen dem Kloster Pforta das Dorf Flemmingen übergab. Dat.
1277, VII. Cal. Jul. (d. 25. Juni).

Kreys. Beitr. II. 9. Stöckh. I. 18.

Hermann von Schönburg, auch Schoenenberg und Schowenberg geschrieben. ist
1271 den 24. Februar bereits, bis vielleicht 1272 Comthur des deutschen Ordens zu Christburg.
1273 den 25. October Comthur zu Zantir. 1277 den 1. Januar bis 1289 den 5. Februar Landcomthur des deutschen Ordens zu Kulm. Noch 1290 soll er Landcomthur gewesen sein.

J. Voigt der Ritterorden S. Mariä des deutschen Hauses ff. und Gesch. Preussens III. 308. 348. Petri de
Dusb. chron. p. 272. Millauer d. deutsch. R.Orden S. 81, 205. Ill. Chr. v. Böhmen 1. 27.

1279:

Landgraf Albert von Thüringen übergibt am 12. März 1279 den Brüdern des deutschen
Ordens zu Altenburg eine und eine halbe Hufe zu Sluzich, d. i. Schlauditz bei Altenburg, die
Conrad von Zemin, d. h. Zehmen, Ritter, in Lehen hatte. Zeugen u. A. Fridericus de Sco-
nenborch, Joh. de Jerico, Joh. de Remese etc.

Orig. Urk. dat. Altenburg, die Gregor. 1279, im Hpt.St.A. Dresden, nr. 936. Unter Joh. de Remese ist eine
Familie zu verstehen, die dem pleissnischen Adel angehörte und sich von dem Dorfe Remse bei Altenburg schrieb. Sie
ist daher nicht mit dem Orte Remse, zwischen Glauchau und Waldenburg, zu verwechseln, wo ein Kloster stand. Ein-
zelne Glieder dieser Familie werden uns noch weiter als Schönburgische Vasallen begegnen. S. Reg. 1280, 1300 und
1325. Minh d. Osterl. Ges. V. III. und öfter.

Heinemann von Dubena (i. e. Duba), dapifer des Königreichs Böhmen und seine Brüder
Albert und Zdenko bestätigen am 3. Juli 1279 alle Schenkungen, welche ihre Vorfahren dem
deutschen Hause in Zwetzen gemacht und eignen überdies dem Orden alle mütterlichen Erbgüter
daselbst. Zeugen: Fridericus de Schoninbarch, Jerco de Waldinberg, Unharch frater
ejus etc. Dat. in civ. Prag V. Non. Jul.

Orig. Urk. im Hpt.St.A. zu Dresden, nr. 951.

In demselben Jahre bezeugt Fridericus de Sonnuburg mit dem Burggrafen von
Starkenberg, den Herren von Waldenburg, Crimitschau und Coldiz, eine Urkunde des Burggrafen
von Altenburg für das dasige Kloster, in welcher letzterem alle Freiheiten bestätigt werden.

Urk. bei Liebe Nachlese S. 41. Göpfert S. 7.

1280:

Heidenreich, Ritter von Lichtenwalde, übergibt 1280 den 18. März seinen drei ins Nonnenkloster Geringswalde eingetretenen Töchtern eine jährliche Rente von 6½ Talenten, je 2 Talente jeder Tochter, so lange sie im Kloster verbleibt und unter Vorbehalt des halben Talents für sich selbst. Unter allen Umständen aber, und selbst, wenn eine oder alle drei Töchter das Kloster wieder verlassen, soll jene Rente nach seinem eigenen Ableben demselben zufallen.

Zeugen dieser Urkunde sind Gelfradus de hugowiz, heinricus de Rocheliz, heinricus de kunigesvelt, Ortolfus miles de Dewin.

Die Orig. Urk. auf Perg. besitzt die deutsche Ges. in Leipzig, wo wir selbige copirt. Abgedruckt in den Mittheil. ders. I. 8. 162.

1280 den 30. April beurkundet Burggraf Dietrich von Altenburg, dass Henricus de Sarowe das Gut Plotendorf von ihm in Lehen und nun dem deutschen Orden in Altenburg gegeben habe, bei Anwesenheit des Fridericus senior de Schonenburch etc. Albertus de Remse.

Urk. im Hpt.St.A. Dresden, nr. 973. Dat. 1280. II. Cal. Maji. Plotendorf liegt im Herzogth. Sachsen-Altenb. Albertus de Remse gehört der beim J. 1279 genannten Familie an.

Landgraf Albert von Thüringen bestätigt zu Erfurt am 13. November 1280 die Freiheiten des Klosters Grünhain, besonders über Crossen, Bockwa und Hohndorf bei Zwickau, welchem Acte als Zeugen beiwohnen die Herren von Planen, Friedrich von Schönburg, Albrecht von Blankenau u. s. w.

Horns Handbibl. 8. 309.

Als in demselben Jahre Landgraf Heinrich von Thüringen, Herr des Pleissenlandes, dem deutschen Orden die von seinem Vater gemachten Schenkungen über Güter im Dorfe Husen, die Kirche in Kindelbruchen (Kindelbrück), welche der Orden von den Herren von Heldrungen erhalten, und über ein Dorf Schowendorf bei Suezen (Zwetzen) gelegen, bestätigt, erscheinen als Zeugen: Albertus et Theodericus, Burggrafen von Altenburg, Heinrich von Waldenburg, Fridericus de Schonenburg u. s. w.

Gudenus cod. dipl. anecdot. IV, 939.

1281:

In einem Briefe Volrads von Coldiz, worin er seine Güter, theils eigene, theils Lehengüter im Dorfe Treben und im Zolle daselbst, dem Comthur und Brüdern des deutschen Ordens in Altenburg verkauft und ihnen als Lehen gibt, sind Zeugen: Fridericus de Sconenburch, Unarch de Waldenberch etc., Albert de Remse etc. Act. s. l. 1281.

Orig. Urk. im Hpt.St.A. Dresden, nr. 999.

1281 am 18. Juli söhnt sich Conrad von Jerez, Burggraf von Tribau in Mähren mit dem Kloster Maria-Kron in Brünn aus. Dat. Tribau, XV. Cal. Aug. 1281. Conrad aber übergibt dem Kloster, anstatt seines Herrn, Friedrichs von Schönburg, Vormundes des jungen Herrn von Riesenburg und Administrators der Riesenburger Besitzungen, wegen eines demselben zugefügten Schadens und wegen des Seelenheiles des Borso von Riesenburg und dessen Nachkommen, einen Wald bei Budiesdorf bis Zazavia, sowie zwei Waldparcellen, silvulae, bei Zudendorff und Budilsdorf. Conrad war Riesenburgischer Vasall und als solcher Burggraf von Tribau.

Die Orig.-Urk. befindet sich im Thomaskloster zu Brünn, abgedr. im cod. dipl. et epist. Morav. t. IV p. 252. Die Familie Riesenburg findet sich häufig in Urkunden dieser Zeit z. B. Bohuslaus (l. c. III, 361). IV, 166. 240), der bereits 1182 todt war, dessen Gattin, Agatha, Schwester eines Friedrich von Schönburg (l. c. IV, 240), Borso oder Bores, Bohuslaus Sohn (l. c. III, 318, 361, 395, IV 166, 252, IV, 262), welcher 1275 d. 6. Nov. noch den Augustinern, denen er zu Brünn ein Kloster gegründet, Besitzungen bei Budjkedorf und Triebendorf übergab, 1278 aber schon todt war, denn in diesem Jahre gab König Otakar von Böhmen der Stadt Ungarisch-Brod die ganze Erbschaft Borsonia, die ihm als Strafe für Verrath abgenommen worden war. Borso's Gemahlin war Ricardis (l. c. III, 395) und beider Sohn Zlavko (l. c. III, 361). Ueber Borso finden sich interessante Data bei Palacky II, 1, 132, 236. Von Otakar verfolgt, starb derselbe als Flüchtling in Ungarn 1277 und wurde von seinem Bruder Bohuslaus beerbt, der als treuer Anhänger Otakars wahrscheinlich in der Schlacht auf dem Marchfelde 1279 blieb, worauf Friedrich von Schönburg Vormund wurde. (Pal. II, 1, 350). Es stellt sich demnach die Verwandtschaft so heraus: Bohuslaus von Riesenburg hinterlässt zwei Söhne: Bohuslaus und Borso.

Ersterer, 1282 bereits todt, heirathet Agatha von Schönburg, Friedrichs von Schönburg Schwester und hinterlässt mehrere Söhne, unter ihnen Borso (1295). Letzterer stirbt 1277 in Ungarn und hat von seiner Gattin Richardis einen Sohn, Namens Zlavko.

Das in der Urkunde genannte Kloster Maria-Kron lag nahe zwei Stunden Wegs von Hohenstadt entfernt, war gegründet durch Bores von Riesenburg und ging um 1550 ein. Gegenwärtig ist es ein kleines Dorf von 400 Einwohnern im Olmützer Kreise. Die in der Urkunde erwähnten Orte Budic und Budiczdorf sind identisch und bezeichnen das heutige Budigsdorf, zwei Meilen nördlich von Hohenstadt, in der Nähe von Mährisch-Tribau. Zudendorf ist eingegangen. Die Zeugen betreffend, so ist Heinzo de Jebischa d. i. Jevicka, genannt von der Stadt Gewitsch, Heinrich von Porsendorf d. h. von Borstendorf, eine Stunde von Tribau entfernt, hiess ursprünglich Borsov auch Borisov, weil es von jenem Bores von Riesenburg angelegt wurde. H. judex de Tetniez, jetzt Tatnitz und Tatenitz ist ein Dorf zwei Meilen westlich von Hohenstadt. Usque Zazavium heisst bis zur Sazava, die am Iglauer Plateau entspringt. Tribau gehörte damals also nicht der Familie von Schönburg, sondern den Riesenburgern, Friedrich administrirte nur die Güter seines Neffen, deshalb sind auch die Zeugen nur Riesenburger Vasallen, mit Ausnahme vielleicht des Heinz von Gewitsch, da Gewitsch damals eine landesfürstliche Stadt war.

1282:

Ueber obige Schenkung stellt Friedrich von Schönburg eine Bestätigungsurkunde aus. Dat. Tribau den 13. Nov. 1282. Hier wird jener Burggraf von Tribau, Conrad de Jerez, oder Yeres, dilectus nobis miles genannt und die Besitzungen, über welche sich jene Schenkung erstreckte, werden bezeichnet als in hereditate nostra, quondam sororis Agathae, relictae Bohuzlai de Rysemburg. Gleichzeitig befreit Friedrich von Schönburg das Augustinerkloster Maria-Kron von fremder Gerichtsbarkeit. Diese Urkunde ist bisher den Schönburgischen Chronisten unbekannt geblieben und mit ihm die Beziehungen zu der mächtigen böhmischen und mährischen Familie von Riesenburg. Das Original derselben befindet sich im Archive des Klosters St. Thomas in Brünn, abgedruckt bei Boczek: Mähren unter König Rudolph dem Ersten (Abhdlg. d. böhm. Ges. der Wiss. 1835 Beil. XXXVII S. 100 und cod. dipl. Mor. IV, 240.) Eine auf unsere Veranlassung im gedachten St. Thomaskloster vorgenommene Vergleichung hat unzweifelhaft bestätigt, dass obiger Friedrich von Schönburg, Schonburg, Schonenhurch, Somburk, zur Familie Schönburg gehört, weil man kein anderes adeliges Geschlecht ähnlichen Namens in Mähren kennt. Wir finden nur noch Adolf von Schaumburg, den Vater des Olmützer Bischofs Bruno (Bruno, comes de Schoenberk, natione Saxo, XVII. episcopus Olomucensis, denatus 1287. Dubrav. hist. Boh. p. 868), einen Grafen von Schaumburg, dann einen Johann von Schonberch, von Schönberg, einer Stadt in Mähren. Auch vermuthet Palacky (II, 2, 20), dass die Schönburger bereits unter Wenzel I. und Otakar II. in Böhmen begütert, wahrscheinlich aus Meissen in Böhmen einwanderten. Die Jahreszahl in der citirten Schrift Boczeks schien uns verdächtig, was durch eine Vergleichung mit dem Originale bestätigt wurde. Denn abgesehen davon, dass die erste Urkunde von früherem Datum, wie Boczek es setzt, kann nicht schon 1280 confirmirt werden, was erst 1281 geschenkt wurde. Das Siegel der Urkunde — das der zweiten war noch mehr verletzt — zeigt auch in der That den Schönburgischen Querbalken.

Ungleich wichtigern, bisher ungekannten, Notizen begegnen wir im Jahre 1282, indem uns berichtet wird (Boczek l. c. S. 44), dass Gerhard von Obran oder Obrsezze und sein Schwiegersohn Friedrich von Schönburg auf Tribau, solche Adelige sind, die ihr Unwesen während des mährischen Interregnums trieben.

Der Streit fällt in das Interregnum, das nach Otakars von Böhmen Falle in den Ländern der böhmischen Krone eintrat. (Palacky II, 1, 319—43). Wahrscheinlich waren aber auch politische Leidenschaften im Spiele, wie einige Jahre später, 1310—18, als Heinrich von Lipa als Haupt der Adelsopposition gegen den König auftrat. Kurz, Friedrich von Schönburg verheerte von einer bei Porstendorf gelegenen Burg aus, das bischöfliche Gut Zwittau, worauf die Bestürmung der Stadt und Burg Tribau durch Zäwis von Falkenstein, aus der Familie von Rosenberg, erfolgte. Tribau gehörte noch 1321 einem Borso, Bores, von Riesenburg. Von ungemeiner Bedeutung für die ganze Darstellung der Schönburgischen Familiengeschichte, in dieser und späterer Zeit, ist uns der Schwiegervater Friedrichs von Schönburg, Gerhard von Obran, weshalb wir auch oben bei der Zusammenstellung der Ansichten über den Ursprung des Hauses Schönburg auf diese Stelle uns bezogen haben. In den mährischen Urkunden findet man diese Familie verzeichnet Obřas, Obřan, Obřes, Oberses, Obersezze etc. Alle diese Formen erklären sich aus der Form Obřaz, welche Form zuerst Šafařík erklärt hat. Die Ortsnamen auf as sind nämlich verkürzte Locale statt anech, wie denn in den ältesten mährischen Diplomen die Ortsnamen fast durchgängig im Local ohne die Präposition ve, d. h. in, von, stehen, also z. B. Obřas statt v Obřanech, welch letztere Localform auf as uralt ist. Durch Abschwächung des a und die deutsche Schreibung für das slawische ř durch rs oder rz entstanden dann die Formen Obřes, Oberses u. s. w. Was den Ort Obřany anbelangt, so liegt derselbe eine Stunde nordöstlich von Brünn und hatte eine Burg, von der allerdings keine Spur mehr vorhanden ist. Von dieser Burg aus beunruhigte Gerhard die Anhänger der königlichen Partei, namentlich die Stadt Brünn, worauf auch er durch Záwis von Rosenberg zu Paaren getrieben und gefangen genommen wurde, bis er am 28. Febr. 1286 dem Könige von neuem Treue schwor. (Cod. dipl. Mor. IV, 310).

Was die Familie dieses Gerhard aber betrifft, so gehört er zu dem in Mähren weit verzweigten Geschlechte der Kunstate, welche Böhmen seinen berühmtesten König Georg von Podiebrad gab. Als der Ahnherr dieses Geschlechts erscheint Gerhard, Burggraf von Olmütz, 1210, mit dem Beinamen von Obřan. Er hatte vier Söhne: 1. Boček, gestorben 1255 den 20. Dec. als Verweser der Grafschaft Berney und Nidek, einen der einflussreichsten Männer am Hofe Otakars II., 2. Smil, der ohne Nachkommen starb, 3. Kuno von Kunstat, 4. Nicolaus. Demnach gestaltet sich die Stammreihe nach folgendem Schema:

Gerhard von Obřan 1210.

Boček, † 1255 den 20. Dec., uxor Eufemia † 1279.	Smil, † kinderlos, gründete das Kloster Smilheim in Vyrovic.	Kuno von Kunstat.	Nicolaus, Ahnherr der Herrn Drnowic, die mit einem Johann am Anfange des 17. Jahrh. ausstarben.
Smil †1268.	Gerhard*) † 1291 ux. Juta von Feldsberg † 1295.	Agnes † 1296 mar. Vitek von Svabenic.	Boček.	Bohuslaus.
Eufemia † 1297.	Agnes † 1300.	Boček † 1296.	Smil von Obřan † 1312. ux. Anna von Neuhaus.	Die Kunstate. Sie starben 1591 mit Wilh. Kuna v. Kunstat aus.	Die Podiebrade. Georg von Podiebrad.
				Heinrich v. Münsterberg und Oels ux. Ursula v. Brandenburg	Victorin
				Karl von Münsterberg.	

Mit einem Male wird uns durch diese verwandtschaftlichen Beziehungen Aufklärung in die Sage über den oben S. 6 angedeuteten Ursprung und in die Diplomatie des Hauses Schönburg, hinsichtlich des weiter unten zu erwähnenden Besitzes und Streites mit den Oberlausitzer Sechsstädten um die Burg Hoyerswerda.

Nach der Ansicht einiger Chronisten und wie sie sich z. B. neben andern groben Unrichtigkeiten auch in dem erneuerten Grafendiplom von 1700 findet, wie auch Rittershusius (geneal. VI, 15), Bilderbeck (teutscher Reichsstaat S. 1235), Kneschke (deutsche Grafenh. s. v.), Köhler (hist. Münzbelust. 1740 S. 33 ff.) und Andere, theils mehr, theils weniger weitläufig erörtern und zu bestätigen suchen, stammen die Herren von Schönburg aus Böhmen ab. Auch Stöckhardt will diesen Ursprung aus den grossen Besitzungen der Familie in Böhmen folgern. Nach dieser Annahme aber war Theobald I. ein Herzog in Böhmen und der zweite Sohn des böhmischen Herzogs Wratislav I., 1061—92, und Bruder Wratislavs II., 1140—73. Nach anderer Ansicht sogar der Bruder Wratislavs I. Von ihm sollen die Schönburger den Ursprung ableiten, weshalb es komme, „dass sie viele und schöne Besitzungen vom rothen Hause vor Prag bis Glauchau, auch in Franken, Meissen, Lausitz, besonders zwischen Meissen und dem Voigtlande besessen haben." Den Namen erhielten sie von der Schönburg, die Theobald II., Theobalds I. Sohn, nicht weit von der Eger, oder nach Andern, zwischen Naumburg und Weissenfels, erbaut habe. Jene

---

*) Dieser Gerhard ist der unsrige. Seine Gemahlin lernen wir kennen im cod. dipl. Mor. V, 284, 289. Feldsberg ist ein fester Marktflecken in der Nähe der mährischen Grenze. Es muss demnach entweder Eufemia oder Agnes die Gemahlin Friedrichs von Schönburg gewesen sein. (Chron. dom. Saarensis ed. Boepell. Brsl. 1854).

Nachkommen hiessen damals in Meissen, nach jener Burg, von Schönburg, in Böhmen, Theobaldiner. Nachher habe Theobald III. mit seinen Vettern von Riesenberg (Riesenburg?) und von Skale (Fels) an Gütern und Wappen getheilt und für sich in einem rothen Felde nur zwei weisse Ströme, die er in seinem Gebiet noch behalten, die Eger und Mulde, letztere aber den halben Schild roth und in der zweiten Hälfte drei weisse Ströme geführt. Theobalds III. gleichnamiger Sohn endlich soll durch seinen Sohn Hermann I. das Geschlecht weiter fortgepflanzt haben und letzterer um 1300 gestorben sein. (Kneschke l. c.) Allerdings erklärt diese Ansicht ohne weitere Schwierigkeit die böhmische Lehensherrlichkeit über die Schönburgischen Besitzungen in Meissen und zugleich den Besitz der ehemaligen Güter der Familie in Böhmen und wurde von der Eitelkeit, hohe Ahnen aufzuweisen, unterstützt, sie entbehrt aber aller historischen Begründung, so dass schon seit langer Zeit die Unhaltbarkeit dieser Behauptung und der wiederholte Widerspruch in derselben dargethan worden ist. (Weller l. c.). Herzog (Chr. Zwickau II, Anfg.) vermuthet, dass in dem Länderbesitz Wratislaws in Meissen, der bis an seinen Tod, 1092, ungetheilt derselbe blieb, die Fabel obiger Abstammung ihren Grund habe.

Hauptsächlich deshalb aber ist jene Ansicht eine Fabel, weil kein böhmischer Geschichtsschreiber dieser Abstammung gedenkt, wohl aber wird ein anderes böhmisches Geschlecht, Swihow, als von Theobald herrührend, genannt, das jedoch mit dem Hause Schönburg in gar keiner Beziehung steht. Schon Imhoff (not. proc. p. 559 ff.) machte diese Bemerkung und nach ihm Köhler l. c., sowie Balbinus epit. rer. Boh. III. c. 10. p. 226 und c. 13, 250; s. auch G. Dobner hist. Nachrichten von dem herzogl. Geschlechte der böhm. Theobalde in den Abhdlg. d. böhm. Ges. der Wiss. 1787 I. 3. S. 3.

Ferner steht in dem bei Lünig abgedruckten Grafendiplom (R. A. v. d. Grafen und II. des H. R. R. XI, 278) diese Ableitung ebenfalls und doch ist ausdrücklich bemerkt, dass das Haus Schönburg dem heiligen römischen Reiche von Karl dem Grossen, Heinrich I. und Otto dem Grossen her, immediate zugethan gewesen sei. Wie soll das zusammen passen? Theobald I. starb 1167, dessen Sohn Theobald II. 1212 und Bretislav, der Theobald III. hinterliess, starb 1230. Wie können die Herren von Schönburg unter Karl dem Grossen gekämpft und Besitzungen erworben und gehalt haben, da ihr Name noch gar nicht existirte? Solche Widersprüche kann nur die mechanische Feder eines Copisten niedergeschrieben haben, die dann unter Voraussetzung der Richtigkeit, ohne weitere Prüfung, von den beauftragten Räthen in Wien, die sich nicht weiter darum zu bekümmern hatten, dem kaiserlichen Grafendiplom einverleibt worden sind.*)

Es treffen aber auch die Zahlenangaben nicht. Urkundlich wird 1238 bereits die Stiftung des Klosters Geringswalde bestätigt. Dieses Kloster hatte Hermann von Schönburg, schon hochbetagt, gegen Ende des 12. Jahrhunderts in seinen Besitzungen gegründet — nach obiger Abstammung müsste jener Hermann, der Gründer des Klosters, erst 1300, wie auch Kneschke angibt, gestorben sein, während sein Ende vielmehr um 1200 erfolgt sein muss.

Uebrigens spricht auch der Name Schönburg selbst eher für eine deutsche, als für eine böhmische Abstammung, was auch neben früheren böhmischen Geschichtsschreibern z. B. Balbinus, Schaller, Palacky (II, 2, 20) behauptet. „In Böhmen gab es neben den althöhmischen Geschlechtern noch Herrenfamilien, die vom Ausland eingewandert, in dieser Zeit (zu Anfang des 14. Jahrhunderts) im böhmischen Staate bereits naturalisirt waren. Die meisten stammten aus dem heutigen Sachsen her und hatten während der kurzen Vereinigung der Markgrafschaft Meissen mit Böhmen hier das Staatsbürgerrecht erlangt. Doch gab es auch Häuser, welche bereits unter König Wenzel I. und Otakar II in Böhmen begütert waren, wie die von Schönburg, von Donin, von Seeberg, von Biberstein". So wenig demnach von einer Abstammung des Hauses Schönburg vom böhmischen Herzogs- und Königshause zu halten ist, dürfen wir doch, nachdem wir die verwandtschaftlichen Beziehungen zu den Kurstaaten und zu Georg von Podiebrad durch Friedrich von Schönburgs Schwiegervater oben kennen gelernt haben, die Tradition des Hauses Schönburg verwerfen. Es ist vielmehr bei mündlicher Erzählung durch mehrere Generationen ein innigeres und directeres Beziehen zu den böhmischen Herrscherhause leicht zu erklären. Wir aber sehen, dass, wenn auch nicht die Abstammung, so doch die Verwandtschaft mit dem grossen Böhmenkönig Georg von Podiebrad eine begründete zu nennen ist.

Während wir Friedrich von Schönburg, wahrscheinlich junior, in Mähren beschäftigt finden, begegnet uns in demselben Jahre 1282 den 1. Mai in Altenburg: Fridericus senior de Schonenburg mit Unarcus de Waldenberch etc., als die Burggrafen Dietrich und Heinrich von Altenburg den Brüdern des Spitals St. Maria vom deutschen Hause daselbst, das Dorf Plotendorf (s. oben 1280) und den Zoll in Treben (s. oben 1281), als Lehen des Albert von Remse (s. Reg. 1279, 1280, 1281) und Volrads von Colditz (s. Reg. 1281) übergeben.

Orig. Urk. im Hpt.St.A. Dresden, nr. 1016.

Friedrich von Sconenbure, miles genannt, verkauft am 6. Juli 1282 dem Kloster Altzelle die Dörfer Dyttersbach und Nuendorf um 90 Mark Silbers und resignirt sie dem Markgrafen Heinrich dem Erlauchten von Meissen. Dat. Dresden, 1282 in octava Ap. Petri und Pauli.

Die Urkunde hierüber, deren Original auf Pergament, an welchem das Siegel fehlt, sich im Hpt.St.A. zu Dresden, nr. 1024, befindet, bisher ungedruckt, lautet:

In nomine Domini Amen Heinricus dei gratia Misnensis et orientalis marchio universis presentem literam inspecturis in perpetuum tempus praeterit et humanae simul praetereunt actiones ne ergo eaque fiunt in tempore pie et ratiouabiliter ab hominibus simul labantur cum tempore eternari solent obsequio litterarum Notum igitur esse volumus universis tam presentis quam futuris Eui fidelibus quod cum viri religiosi dns burchhardus abbas totusque conventus fratrum in cella ordinis cysterecensis pro nonaginta marcis argenti duas villas Dytherychsbach et Nuwendorf a Friderico de sconenbure milite justo emptionis et vendicionis tytulo comparassent Nos post spontaneam et liberam resignacionem earumdem villarum quae site sunt inter Frankenberg et heynnechyn opida nostra factam a predicto friderico in manus nostras Ad honorem omnipotentis dei et gloriose virginis matris sue ob salutem quoque anime nostre et nostrorum progenitorum predictas villas Dytherychsbach et Nuwendorf situs inter nostra opida memorata monasterio in cella antedicto liberaliter contulimus et adjecimus jure proprietatis perpetuo possidendas cum omni jure honore ac utilitate judiciis nemoribus aquis aquarum decursibus molendinis pratis et pascuis sicut easdem villas sepe dictus fridericus dinoscitur possedisse In cujus rei evidens testimonium hanc litteram predicto monasterio dari fecimus nostri sigilli munimine roboratam Datum Dresden Anno dei MCCLXXXII in octava Apostolorum petri et pauli presentibus Alberto dapifero de Burnis Rudeghero de schaghowe heinrico de Coldytz Hermanno de Tunnenwelt friderico magistro coquine nostrae militibus et aliis quam pluribus fide dignis.

Wie die Urkunde selbst angibt, lagen die beiden Dörfer zwischen Frankenberg und Hainichen, es sind die zum G.A. Frankenberg gehörenden Dörfer Dittersbach, ½ St. nordöstlich und Neudörfchen ¾ St. nördlich von Frankenberg gelegen. Friedrich von Schönberg, hier miles genannt, gehört, ebenso wie der beim J. 1288 zu nennende gleichnamige Schönberg, unserer Familie an. Ueber den Besitz der Dörfer s. unten.

In demselben Jahre ist noch H. Scoenburk Zeuge in einer Urkunde des Klosters Beutitz, desgleichen findet sich 1282 den 28. März, den 4. Juli und 1284 den 21. März in Altzellischen Urkunden Sifrid de Schonenbere, welcher Sifrid indessen wohl der Familie Schönberg zuzuzählen sein dürfte.

Beyer S. 559, 560, 562

1283:

1283 den 21. März verkauft das Kloster zu Riesa etliche Güter im Dorfe Honendorff, d. i. Hohndorf im G.A. Grossenhain, die jährlich drei Talente oder Mark weniger vier Schillinge zinsen, dem Propst und den Nonnen zu Geringswalde mit aller Gerechtigkeit. Dat. 1283, die Benihardi, XII. Cal. Apr.

Diese bisher nicht gedruckte Urkunde haben wir, weil sie das Schönburgische Kloster Geringswalde betrifft, angeben wollen.

Am 23. Juli 1283 beurkunden Hermann, Guardian in Budesyn (Budissin), Luther von Scribersdorph (Schreibersdorf), Reinhard von Themeriz (Temmritz) und die Schöppen der Stadt Budesyn, dass der Streit zwischen dem Kloster Altzelle eines und dem zu Budesyn wohnhaften Nicolaus von Bore andern Theils, über das Dorf Ditherichsbach und das halbe Dorf Nnundorf, welche Güter dieser von Friedrich von Schonenbure in Lehen hat, das Kloster aber gekauft zu haben behauptet (s. oben), durch ihre Vermittelung verglichen worden, so dass Nicolaus von Bore, wahrscheinlich von Burkau bei Budissin, gegen Empfang von 40 Mark auf alles Recht, das ihm, seinen Verwandten und Freunden an diesen Dörfern anscheinend zugestanden, verzichtet hat. Dat. Budesyn 1283, X. Cal. Aug.

Das Orig. der Urk. im Hpt.St.A. zu Dresden, abgedruckt im cod. dipl. Lus. sup. ed. Köhler, ed. ½ p. 112 Beyer S. 561.

1285:

Friedrich von Schönburg, junior, der Sohn Friedrichs von Schönburg, welcher uns schon beim Jahre 1282 in derselben Angelegenheit mit seinem Schwiegervater bekannt wurde, schliesst am 29. Juli 1285 Frieden und Eintracht mit dem Bischof Theodericus von Olmütz in Brünn und König Wenzel von Böhmen bestätigt solchen Vertrag in demselben Jahre.

Das Orig. dieser Urk. besitzt das erzbischöfl. Archiv zu Kremsier, abgedr. im cod. dipl. Mor. IV, 297 ff. und n?Zionkonis de Trebecz libro a missionibus regum Mor. e cod. mscr. Regiomont. nr. 60. deser. Palacky, cfr. cod. dipl. Mor. V, 282.

Die Misshelligkeiten und Differenzen betrafen, wie oben bereits gemeldet, den District von Zwittau, districtum Switaviensium, und es standen auf Friedrichs Seite als Gewährsbürgen, sein Vater Friedrich von Schönburg und Perengerus de Meldingen. Interessant ist diese Urkunde besonders, weil hier von einer erbauten Burg die Rede ist, welche der Bischof nicht leiden mochte. Auf Schönburgischer Seite verpflichtet sich auch ein Henricus Stange aus einer Schönburgischen Vasallenfamilie, die uns später noch oft begegnen wird, sowie Theodericus de Meldingen und Johannes de Chepow. Die Familie Stange war in der Gegend von Altenburg angesessen und gehörte zu dem niedern osterländischen Adel. Gegenwärtig ist sie ausgestorben. Friedrich unterwarf sich nach langem Streite mit dem Bischof von Olmütz, Dietrich von Neuhaus, dem Schiedspruche des Königs Wenzel von Böhmen, verweigerte jedoch die hauptsächlich im Vergleiche vereinbarte Schleifung der zwischen Zwittau und Porstendorf errichteten Feste und fügte im offenen Aufruhr dem Lande viel Schaden zu. Deshalb zog König Wenzel mit seinem Feldherrn Zawis von Rosenberg gegen Tribau und nahm bei der Erstürmung Friedrich von Schönburg gefangen. Auf die Fürbitte mehrerer Barone schenkte der König ihm zwar das Leben, liess ihm aber einen Finger an der rechten Hand abhauen, damit er der Strafe für seinen Frevel zeitlebens eingedenk sein sollte. Das geschah in der ersten Hälfte des Jahres 1286.

Palacky Böhmen II. 850, Dudik's Werk über Mähren wird jedenfalls diese Geschichte uns speciell berichten Schon Dolner. nocum. Holt. t. V. p. 58, erzählt dieses Factum: de prima expeditione regis Wenzelai in Moraviam . . . deinde rex processit ad Moravicalem Tribovium ubi magnam spoliatorum multitudinem intellexerat congregatam. Haec denique civitatem nox explens Fridericum de Schonburgii (erat tum Schonburgicum) Schowenburgiorum illustris et potens in Bohemia et Moravia familia qui posterius Schombargii et Schanambargii (s e?) dicti) turbatorem pacis compescuit et tc amplius contra regem excederet, cautione fidejussoria obligavit, sed quia rapinas evitare noluit, a fidejussoribus suis exigentibus mortis sententia condemnare debuit, misericordia motus, quorumdam quoque mitigatus precibus, in dextra manu solum sibi digitum amputavit, quatenus sic correptus ab importunitate sua quiesceret et pro misericordia citra debitum sibi exhibita regi de cetero ad benephacita quaelibet obediret, sic Fridericus est factus regis amicus.

In demselben Jahre 1285 begegnet uns ferner Fridericus de Schonberg, des Gegenstandes halber unzweifelhaft Schönburg, als Bernhard und Otto, Gebrüder von Bernhardsdorf (Bernstadt, Camenz) dem Kloster Marienstern die Stadt Bernhardesdorf (Bernstadt), den Wald bei Friedrichsdorf, in der Nähe von Bernstadt, und andere Güter um 700 Budissiner Mark verkaufen. Die Uebergabe erfolgte an ihren Onkel (patruus) Bernhard (von Camenz), Propst zu Meissen. Ueber die mitverkauften Güter in Bertoldisdorf (Bertsdorf), die sie dem Heinrich von Rodwitz (Rodewitz) verkauften, „Fridericus de Schonberg, consanguineus noster habet actionem". Dat. Wratislav. 1285, minus Cal. Maji.

Die Resignation obiger Besitzungen vor dem Markgrafen Otto von Brandenburg erfolgte im neuen Lager vor Friedland, 1285 den 20. Sept. Die andern Güter werden hier specialisirt: Schoenawe, Bertoldisdorf, Kiselingstorf und Pawilsdorf, quae olim Wizlawindstorf vocabatur et in ritersbach illa bona valuit filii Arnoldi de hugeswalde tenebant.

Bernhard und Otto bekennen ferner 1285 den 2. Oct. zu Ehrespach, dass nach des Vaters Tode ihr Onkel Bernhard, Propst zu Meissen, ihre Besitzungen verwaltet und die Schulden getilgt habe, bis auf 200 Mark, welche meist Friedrich von Schönburg zu fordern hatte. Zu deren Tilgung traten sie dem Onkel die Dörfer Lamprechtswalde, Radwitz, Dittmansdorf und Bertoldisdorf ab; bevor jedoch durch die Einkünfte die Schuld gedeckt wurde, mussten sie jene vier Ortschaften sogar verkaufen und konnten sich nur einen Theil, nämlich die Stadt Bernhardesdorf (Bernstadt) reserviren. Doch auch diese mussten sie endlich dem Kloster Marienstern durch die Hand ihres Onkels verkaufen.

Die Verwandtschaft der Familie Schönburg mit der Familie der Dynasten von Camenz datirt, wie wir oben b. J. 1221 erwähnten, von Hermann von Schönburg, dem Gemahl der Kunigunde von Venta. Zwei Schwestern der Gebrüder Bernhard und Otto von Camenz, Ursula und Catharina werden in den Urkunden als Nonnen des Klosters Marienstern aufgeführt, eine dritte

Schwester Elisabeth ist die Gemahlin Hermanns von Donin (Dohna), zwei andere Schwestern, richtiger jedenfalls Tanten, Amabilia und Agnes, von denen letztere schon vor 1285 gestorben war, sind in demselben Kloster. Sämmtliche Urkunden, der Zahl nach fünf, waren im Originale im Klosterarchive zu Marienstern vorhanden, von wo sie verschwunden sein sollen, weshalb sie im Codex dipl. Lusat. super. nicht abgedruckt werden konnten. Nach einer in früherer Zeit genommenen Abschrift, die uns zu Gebote stand, haben wir den Inhalt in Obigem gegeben und bemerken nur noch, dass augenscheinlich auch die beim Jahre 1234 citirte Urkunde mit diesen in Verbindung steht und ziemlich evident unsere Behauptung rechtfertigt, dass unsere Familie, entsprossen der Familie von der Schönburg bei Naumburg, zuerst in der Lausitz begütert und mit ansehnlichen Dynastenfamilien verwandt war und erst von hier aus in den sogenannten sächsischen Erblanden ansässig wurde.

1286:

Friedrich von Schönburg schenkt dem Kloster Geringswalde das Dorf Wyhra (Wiehra im G.A. Borna). Deshalb hatte das Kloster hier eine Zehntscheune, ein Stück Holz und verschiedene gegen Laaszins ausgethane Aecker, auch zu Margaretentage den Zehnten von den Lämmern, Schweinen und Gänsen zu erheben. Die Urk. selbst fehlt, wir kennen nur den Inhalt aus Kreysigs Beitr. 3, 73 und Bernh. S. 12.

In demselben Jahre, indict. XIV., erhielt auch das Kloster Geringswalde von Amabilia, der Gemahlin Heinrichs von Colditz und vom Pleban Siegfried zu Colditz einige Zinsen in Kuldahin. Die Urkunde bezeugten Wichardus und Willehelmus sacerdotes, heinricus de Schellenbergk und heinricus de kotteritsch. Amabilia von Colditz war vielleicht eine geborne von Schönburg, denn im J. 1290 wird Heinrich von Colditz Friedrichs von Schönburg Schwager genannt. Ist es schwer in Kuldahin Koltzschen (G.A. Colditz) wiederzufinden, so dürfte Roehs Erklärung (Kreys. Beitr. I, 19), dass damit das von Albinus erwähnte Dorf Colenzin gemeint sei, noch gewagter sein. Wir glauben vielmehr Kuldahin mit Culten in Verbindung bringen zu müssen, welches Dorf 1291 in Schönburgischem Besitze ist und jetzt zum G.A. Crimitschau gehört. Urk. bei Bernh. S. 12, 57 und Reg. 1291.

1288:

Als Burggraf Heinrich von Altenburg, Herr in Zinnenberg bei Penig, am 13. Febr. 1288 das Dorf Plotendorf den Brüdern vom deutschen Orden in Altenburg mit Wäldern und Weiden übergibt, bezeugen diese Uebergabe auch Fridericus sen. de Sconenbure, Wnarcus de Waldenberc etc. Dat. Altenburg.

Orig. Urk. im Hpt.St.A. zu Dresden. nr. 1189. Das Dorf Plottendorf bei Altenburg wurde bereits 1280 und 1282 urkundlich erwähnt.

Am 16. März 1288 erfolgte eine zweite umfangreiche Schenkung des Schönburgischen Hauses an das Kloster zu Geringswalde, durch eine in Glauchau, XVII. Cal. Apr. 1288 ausgestellte Urkunde.

Friedrich von Schönburg, miles, bestätigt hierdurch, im Einverständniss mit seinen Erben: **Hermann, Friedrich, Dietrich, Friedrich** und **Heinrich** nicht allein die früheren, dem Kloster gewidmeten Schenkungen, sondern übergibt auch demselben anderweit folgende Besitzungen: den ihm zugehörenden Theil von Weisstropp, welcher in der andern Seite des Dorfes bestand, welchen Bernhard von Rothschütz von der letzten Aebtissin 1543 zurückkaufte (s. Reg. 1233, 1238, 1271. K. Gall. I, 23). Das Patronatrecht der Kirche war bekanntlich dem Kloster sogleich bei der Stiftung 1233 ertheilt worden und wird jetzt, zugleich mit den sechs 1233 geschenkten Hufen in Tschannewitz und dem Walde bei Heinrichsdorf, der Frölaa bei Hoyersdorf (s. Reg. 1233) bestätigt. Der Teich bei der Stadt Geringswalde mit den darein fliessenden Bächen scheint mit dem ursprünglich überlassenen ebenfalls identisch zu sein und gehörte dem Kloster bis zur Aufhebung und weiter noch zum Gute Geringswalde (Bernh. S. 11). Neu finden wir Aecker und einen Wald, den der verstorbene Lutoldus miles dominus de Mosella besessen hatte (s. Reg. 1261), sowie das Dorf Ascholveshagen und Vleminge d. i. Aschershayn und Flemmingen im G.A. Hartha (s. Bernh. S. 9. Misc. Sax. 1772 S. 313), sowie 16 Hufen. Drei Mühlen mit Zubehör existirten schon 1233, sowie die fünf Güter in Altgeringswalde, auch rührte das judicium sanguinis vom J. 1261 her. Von den Zeugen dieser Urkunde sind uns conradus de Orla, Heinrich Pleban von Glauchau und Johann Pleban von Lichtenstein schon 1261 bekannt worden, obschon ersterer, der noch 1306 vorkommt, dort de Horla heisst. Siegfried Pleban von Colditz lebte schon 1286.

Die Orig. Urk. befand sich früher mit dem wohlerhaltenen Schönburgischen Siegel beim Klostergute Geringswalde, abgedruckt bei Bernh. S. 56, wo fälschlich 1283 für 1288 steht, indem ein V fehlt, in Misc. Sax. 1767 S. 77. Heine Kochlitz S. 70. Kamprad Leisnig S. 422.

1288 ist Hermann von Schönburg auf einer Versammlung zu Leipzig und spricht gegen Landgraf Albert von Thüringen für dessen Söhne Friedrich und Diezmann „als seine rechtmäßigen Herren."

1289:

Als sich Casimir, Herzog von Oppeln, mit seinem Herzogthume als einen Vasallen und Lehensmann des Königs Wenzel von Böhmen und dessen Nachfolgern in der Krone Böhmen bekennt, bekräftigt diesen Act neben vielen hohen Adeligen auch Fridericus de Sonemburch. Dat. Prag. 1289 IV. Id. Jan. (11. Jan.)

Balb. misc. VIII. 215. Sommersberg Ser. Sil. I. 861. Dobner monum. III. 344. Beckler hist. How. II. I. 7 § 10. Palacky II. 364.

Landgraf Albert von Thüringen übergibt am 12. Nov. 1289 zu Erfurt dem Kloster Grünhain die Gerichtsbarkeit über Crossen, Boekwa und Hohndorf bei Zwickau, in Beisein des Heinrich und Heinrich Voigt von Plauen, Fridericus de Schonburg, Albertus de Blanckenau, Albertus de Fogelsberg etc.

Urk. bei Sch. und Kr. script. II. 534.

1290:

Die Gebrüder H. und F. de Scheenbergk, womit Hermann und Friedrich von Schönburg zu verstehen sind, verkaufen einen Theil von Hillebrandisdorf (Hilbersdorf bei Chemnitz) der Abtei zu Chemnitz,

1290 den 1. Mai verkauft Budiwogus dictus de Schenberg sein Erbtheil in Leditz, zugleich mit dem Patronatrechte, dem Kloster Plassen.

Leditz oder Luditz gehörte zu den Schönburgischen Besitzungen im Elbogener Kreise in Böhmen und ist daher dieser Budiwogus, trotz der Schreibart Schenberg, sicher unserer Familie einzureihen. Die Stadt Luditz besaßen zu Anfang des 15. Jahrhunderts die Herren Luditz von Riesenburg, aus deren Geschlecht, das, wie wir bei den Jahren 1281 und 1282 kennen lernten, mit dem unserigen verwandt war, Udulricus das Dorf Ninitz testamentarisch derselben Kirche in Plass (Plassen) verehrte. Später kam Luditz an die königliche Kammer und ward vom König Johann an die Herren von Guttenstein, sowie an andere Herren verpfändet (Balb. misc. lib. VIII.). Noch im J. 1375 gründete und stiftete Borso von Riesenburg. Herr der Stadt Luditz, in der dasigen Pfarrkirche eine Messe. (Balb. misc. V, I, 61). Bei den bekannten verwandtschaftlichen Beziehungen der Riesenburger zu den Schönburgern ist eine Vererbung eines Theiles von Luditz sehr nahe liegend.

Riegger Archiv II. 667. Schaller Böhmen II. 133 ff.

1290 den 1. Sept. verkauft Fridericus de Sconeburc im Einverständniss mit seinen Söhnen Hermann, Friedrich, Dietrich und Friedrich dem Propste der Stiftskirche zu Meissen, Bernhard von Camenz für das Kloster Marienstern mehrere Besitzungen, worüber in Glauchau 1290 die Egidii eine Urkunde gegeben wird.

Diese ungemein wichtige Urkunde verdient wegen der darin enthaltenen verwandtschaftlichen und der Besitzverhältnisse in der Oberlausitz, eine ganz besondere Aufmerksamkeit. Vor allen Dingen ist wegen des Ausstellungsortes kein Zweifel, dass hier nur von Schönburgern die Rede sein kann, wie denn auch die Namen der Söhne Friedrichs uns schon 1288 bekannt wurden. Käufer für das Kloster Marienstern ist Bernhard von Camenz, Propst der Domkirche zu Meissen, welchen Friedrich seinen Blutsverwandten, consanguineum, nennt. Aus den Reg. 1218 und 1285 ist uns bereits jene Familie in ihren Beziehungen zu der von Schönburg angegeben worden. Aus dieser Urkunde wird uns nun weiter klar, dass Heinrich von Colditz (s. Reg. 1286) sororius, Schwestermann genannt wird und dessen Bruder Withego, Bischof von Meissen, nennt weiter im Jahre 1319 Bernhards Bruder, Withego von Camenz, seinen Oukel. Im Jahre 1264 war durch die Brüder Withego, Bernhard und Bernhard von Camenz das Kloster Marienstern gegründet worden. Von ihnen wurde Withego in der Folge Bischof von Meissen und der jüngere Bruder Bernhard Propst und endlich sein Nachfolger. Dieser Bernhard ist der urkundlich oben genannte. Er war es, der sich besonders für den Bau des Klosters interessirte, in welchem seine Schwestern Amabilia und Agnes die ersten Aebtissinnen waren. Er selbst hatte dem Kloster alle seine Güter gegen eine im Verhältniss unbedeutende Nutzniessung abgetreten.

Urk. abgedr. im cod. dipl. Lus. sup. ed. 2. t. I. p. 131 und t. 2. p. 18. Ueber Marienstern u. s. w. s. Carpzor Ehrenst. I. 38, 515. II. 329. Hoffmann ser. I. 23, 275. Oberlaus. K. Gall. 56, 210, 411, 443. N. Laus. Mag. 35. S. 436. Dobner monum. V. 77. Knechke Adelslex. II. 200 (sehr dürftig und theilweise unrichtig). Grosser Laus. Merkw. II. 12. III, 32. Aud. Angelus annal. march. Brandenb. II. 107. Budäus in Dresdn. Gel. Anz. 1760 S. 769. Cod. dipl. Lus. sup. I, 87 und II, 7.

Die dem Kloster jetzt durch Friedrich von Schönburg cedirten Besitzungen, die sicher nur durch mütterliche Erbschaft erlangt waren, bestanden in der Hälfte der Dörfer Crostwitz, Schaztitz, Radlwicz, Conewicz, Chocin, Duringenhausen, d. h. Crostwitz, Tschaschwitz, Ralbitz, Cunnewitz, Cottyne oder Kotten, Düringshausen; denn die andere Hälfte dieser Besitzungen war bei Stiftung des Klosters im J. 1264 bereits denselben durch die Begründer übergeben worden.

Die Urk. von 1264 im cod. dipl. Lus. sup. I, 87 und II, 7 mit Meyer, Altzelle S. 552 u 553. verglichen, zeigt eine Abweichung in den Namen der Besitzungen, indem l. c. I. 87 Crostitz, l. c. II. 7 dagegen Cunewitz genannt wird, so dass demnach, wenn wir letzterer, nach dem Originale in Marienstern genommen, Abschrift folgen: Crostiz media villa fehlte. Ueber die Besitzungen des Klosters z. Carpzov Ehrent. S. 357 und Oberl. K. Gall. S. 447, sowie S. 332. 337. 338. Unsere Urkunde in Verbindung mit der von 1234 erörtert genau Schiffner im N. Laus. Mag. 30, 287. Crostwitz ist noch heute eine katholische Pfarre, in welche Tschaschwitz eingepfarrt ist. Ralbitz war früher ein Filial von Crostwitz und bildet erst seit 1754 eine eigene Parochie, zu welcher auch Cunnewitz gehört.

Ferner erhält das Kloster die Hälfte der Stadt Bernhardsdorf (Bernstadt) mit dem Patronatsrechte und dem ganzen Dorfe Bernhardsdorf (Altbernsdorf bei Bernstadt), sowie einen Wald bei Ditterichsbach (Dittersbach) für zusammen 1300 Mark. In der Nähe davon heisst jener Wald noch jetzt der kleine Nonnenwald. Von Altbernsdorf wissen wir, dass es 1234 Zlizlaus von Schönburg besass und folgern, dass nur durch die Verwandtschaft mit der Familie von Camenz diese genannten Hälften in Schönburgischen Besitz gelangten.

Nach Vermuthungen sollen die hier unsässig gewesenen Familien, unter welche auch die von Biberstein zu rechnen sind, ein Schloss auf dem Hurberge bei Schönau bewohnt haben. Oberl. K. Gall. S. 122, 209. 424. Die Vermuthung, dass in der Lausitz der Stammsitz der Familie von Schönburg zu suchen sei, haben wir oben bereits, S. 6. angedeutet.

Durch den Tod des Sifridus, des Sohnes Günthers von Cvgilheim waren Friedrich von Schönburg die Dörfer Zhulisdorph und Zalow anheim gefallen, welche er jetzt ebenfalls für 120 Mark verkaufte.

Diese beiden Orte, jetzt Solschwitz und Saalau genannt, wurden nebst den eben angeführten Kutten und Düringshausen bei der unglücklichen Theilung Sachsens 1815 zu Preussen geschlagen. Zur Schönburgischen Geschichte steht Ziegelheim noch heute in Beziehung, indem ein gleichnamiger Ort, der jedenfalls der Familie Namen und Ursprung verdankt, seit den ältesten Zeiten eine Schönburgische Besitzung ist. Das Dorf Ziegelheim, nördlich von Glauchau gelegen, hatte bis um die Mitte des 14. Jahrhunderts eigene Herren, auf welche die Familie Schönburg folgte. Nur ein Mal gehörte es kurze Zeit unterpfändlich der Familie Kolowrat. Von dem Adelsgeschlecht von Ziegelheim sind uns verschiedene Ahnen urkundlich bekannt z. B. Conrad 1269 (bei Liebe S. 22), Günther, Heinrich 1263—1301, der in Fleminingen bei Altenburg und Hermann, der in Podliz bei Altenburg Güter, Johannes, rector capellae hospit. extra muros oppidi Zwickaviensis, Nicolaus, Propst des Klosters Stochau 1416, Caspar auf Bischofsheim, Lehnsmann des Burso von Camenz, besass 1423 die Ohlsa bei Brünau, Caspar und Dietrich 1437, Balthasar ist Kammermeister am Hofe des Markgrafen von Meissen und wahrscheinlich dessen Sohn, 1456, Gespiele der Kurprinzen Ernst und Albert von Sachsen, Caspar erhielt 1543 vom Kurfürst Moritz das Gut Oberau bei Meissen und starb 1550. Barbara von Z. und Tieffenfurth ist Frau der Herrschaft Seidenberg, Gemahlin Christians von Nostitz und starb 1662. 1544 soll Kaiser Karl dem kaiserlichen Rath Christoph von Carlowitz auf Rothenhaus in Böhmen das Wappen der ausgestorbenen und verwandten Familie von Ziegelheim, mit dem Familienwappen von Carlowitz unter dem Wahlspruch: Virtuti nulla invia est via, bewilligt haben u. s. w.

Der Ausfertigung der Urkunde auf dem Schlosse zu Glauchau, wo demnach Friedrich von Schönburg residirte, wohnten verschiedene Zeugen bei: Umareus de Waldenbure von der Nachbarbesitzung Waldenburg, Henricus de Coldicz, sororius noster, dessen Gattin Annabilia (s. Reg. 1266) folglich Friedrichs von Schönburg Schwester war, Johannes de Seuftenberg (nach Cod. dipl. Lus. II p. 19) oder Tenstenberg (nach l. c. I p. 233), wofür Schiffner (N. Laus. Mag. 30, 288) jedenfalls richtig Gerstenberg gelesen wissen will, ein Name, der in Verbindung mit einem andern Zeugen von Mackowe, Meckau, öfter noch auftritt. Die Familie von Gerstenberg hatte den gleichnamigen, bei Altenburg gelegenen Ort als Stammsitz inne und auch in Cosma 1227, in Lossen (Lozow) und Drehna (Dronowe) bei Altenburg Güter. Es war ein burggräflich Altenburgisches Adelsgeschlecht, das in Altenburgischen Urkunden oft vorkommt und bis ins 18. Jahrhundert hinein blühte, da es 1710 mit Heinrich Wilhelm von Gerstenberg erlosch. Vielleicht waren sie Schönburgische Lehnsleute und Burgmänner (s. Knöschke Adelslex. III, 498, die Mitth. der Osterl. Ges., die Altenb. K. Gall. und Liebe Nachlese u. s. w.) Sifridus de Mackowe et Helfericus frater ejusdem, sowie Albertus de Mekaw, 1297, gehörten einer Familie an, die ihren Sitz im Dorfe Grossmecka bei Altenburg hatte und ebenfalls oft als Schönburgische Vasallen, wie die vorgenannten von Gerstenberg in Schönburgischen Urkunden angetroffen werden (s. Altenb. K. Gall. S. 147 und K. Gall. X, 79). Aus späterer Zeit kennen wir Conrad, Albrecht und Gotfried 1306, Rudolph 1324—43, Nickel 1342, Henselin Ritter und Helford 1354, die Brüder

4

Conrad, Albert und Helferich 1357, Lipmann 1360, Helferich verkauft 1366 das Vorwerk zur Bahne bei Altenburg. Albrecht 1405, Rudolph, Hauptmann in Glauchau, stiftet 1440 das Hospital zu Lichtenstein, Titze und Albrecht 1443. Ein Zweig der Familie besass das Lindenvorwerk bei Kohren, 1400, und Gnandstein, z. B. Helferich 1451, der Kunz von Kaufungen unterstützte, als dieser von Kohren aus den Prinzenraub einleitete. Nach dem traurigen Ausgange flüchtete Meckau; auf Bitten jedoch des Kursächsischen Rathes Hildebrand von Einsiedel, der Meckau's Schwiegersohn war, zog der Kurfürst von Sachsen die Meckau'schen Schlösser nicht ein, sondern belehnte den jungen Meckau, unter der Bedingung, dass, wenn er ohne Leibeserben sterben würde, sein Schwager, Hildebrand von Einsiedel, die Schlösser erhalten solle, was auch geschah. Melchior von Meckau erscheint 1474—1482 als Dompropst zu Meissen und dessen Eltern: Melchior und Clara geb. von Honsperg-Schweta, sowie der Bruder Caspar, kaiserlicher geheimer Rath; Albrecht ist 1522 Propst und 1528 Domherr in Altenburg. Die Familie soll mit Dietrich im Jahre 1538 ausgestorben sein und nur eine Nebenlinie durch Melchior in Oesterreich fortbestehen. Als Schönburgische Vasallen erscheinen Glieder dieser Familie in der Umgebung ihrer Lehensherren als Burgmänner auf dem Schlosse Glauchau, 1379 und 1388, die Zinsen in Auerbach bei Zwickau besitzen und als ursprüngliche Herren von Thurm bei Glauchau z. B. Rudolph 1411 und Heinrich, nach dessen letzteren Tode, 1463 oder 1489 dieses Gut an die von Weissenbach kam, von denen es seit 1816 die von Kotzau als Schönburgisches Lehen inne haben.

Ein anderer Zeuge in unserer Urkunde Conradus de Orla wurde schon 1261 und 1288 genannt und erscheint noch 1305 und 1306 als Burgmann zu Crimitschau, dasselbe gilt von Henricus de Tribenshagin, der 1269, 1283 und 1297 noch vorkommt und sich von Trebishain, G.A. Borna, schrieb.

1291:

1291 den 24. Juni schenken die Gebrüder Hermann, Friedrich, Dietrich und Friedrich von Schönburg dem Kloster zu Frankenhausen, jedenfalls also nach Friedrichs sen. von Schönburg Tode, den Theil des Waldes in Culten (G.A. Crimitschau), den Heinrich von Crimmschowe, genannt juvenis, und seine Erben erblich besassen und den sie nun erblich inne hatten.

Nos Hermannus Fridericus Theodericus et Fridericus fratres Domini de Schonnensburg recognoscimus et tenore praesentium unanimi consensu et assensu publice protestamur quod partem silve in kulten videlicet illam quam dns heinricus de Crimmschowe dictus juvenis et sui heredes jure hereditario possitebant et que nos tandem jure hereditario contingebat in remissionem nostrorum peccaminum et pro remedio dilecti patris nostri friderici et aliorum nostrorum antecessorum felicis recordacionis ecclesie conventuali in Crimaschowe videlicet regularium Canonicorum dedimus et cum omnibus terminis limitibus seu dimensionibus in latum et in longum proprie libere et quiete possidendam ut divina miseratione succurente per hunc nostrum elemosinam nostra et nostrorum antecessorum facinora micius delcantur Ne autem hec nostra donacio elemosinalis per nos aut nostros posteros infirmetur praedicto conventui hanc nostram litteram dedimus nostrorum sigillorum munimine communitam. Testes hujus rei sunt dns vinrcus de Waltenberg Dns heinricus de Coldicz Dns Volrudus de Coldicz Dns heinricus Advocatus de Wida dns Sifridus de mekkowe Dns cunradus de orla milites et alii quam plures fide digni. Acta sunt hee Anno Dni MCCLXXXXI. in die Sancti Johannis baptiste.

Orig. Urk. im Hpt.St A. Dresden; die beiden Siegel fehlen, Schöttg. und Kr. Nachl. X, 203, wo Dietrichs Siegel noch abgebildet ist, Göpf. S. 29. Limmer Ples. S. 54. Kästner Crim. S. 46. K. Gall. XI, 110. Jedenfalls ist dieser am linken Ufer der Neisse gelegene Ort Culten mit Kuldahin identisch, in welchem 1266 Amabilia von Colditz, geb. von Schönburg, Zinsen dem Kloster Geringswalde schenkte. Die Zeugen der Urkunde sind uns bekannt.

Diese Urkunde hat mehrere Chronisten z. B. Göpfert und dessen Abschreiber, bewogen, die Herren von Crimitschau zu einem Zweige der Familie Schönburg zu machen (z. B. K. Gall. XI, 88 und 185), wozu noch besonders die Urkunde von 1258 Veranlassung gegeben haben mag. Man sagt, dass sie sich nur von Crimitschau geschrieben, weil sie dasselbe besessen und daselbst gewohnt haben und citirt alte Nachrichten, in denen es heisse, Crimitschau sei erstlich der Herrschaft von Schönburg gewesen und hätten sich dieselbigen Herren Herren zu Crimitschau und Waldenburg geschrieben. Dem ist aber nicht so. Denn einmal nennen sich die Schönburger, sobald sie im Besitze von Crimitschau sind, stets von Schönburg auf Crimitschau, dann aber auch sind die Wappen beider Familien, z. B. 1247, vollständig verschieden, so dass eben so wenig,

---

29

wie in Bezug auf die Familie von Waldenburg eine Abstammung angenommen werden darf. Ebensowenig können wir Meinholds Ansicht beipflichten (Webers Archiv II, 144), dass Friedrich sen. von Schönburg der erste Besitzer von Crimitschau gewesen sei und nach ihm seine vier obengenannten Söhne, anfangs im gemeinschaftlichen Besitze. Denn diese nach Friedrichs Tode ausgestellte Urkunde sagt nur, dass sie den Waldtheil von Culten erblich besassen, sie nennen sich aber nicht, wie später regelmässig in Crimaschowe, sondern nur Gebrüder, Herren von Schönburg und im J. 1301 wird auch noch ein Henricus juvenis de Crimatschowe diplomatisch erwähnt, so dass der Besitz von Crimitschau, das sicher nur durch Erbschaft an die Familie von Schönburg gelangte, nicht vor 1301 angenommen werden kann, in welchem J. Fricz de Seonenburk, dominus in Crymatzowe, wahrscheinlich Friedrichs von Schönburg jüngerer Bruder auftritt. Doch ist auch ein Verkauf nicht ohne Wahrscheinlichkeit, da 1317 noch Heinrich von Crimaschowe als böhmischer Kanzler erscheint.

Bei den im J. 1291 obwaltenden Feindseligkeiten des Landgrafen Albert von Thüringen mit seinen Söhnen, als den von Heinrich dem Erlauchten selbst bestimmten Nachfolgern in der Regierung, erklärt sich Heinrich von Schönburg zu Gunsten der Letzteren. Dieser scheint identisch zu sein mit Heinricus de Schoneburg, tunc temporis noster advocatus in eckersperg, der mit Günther de Schlachim, Erhardus de Sultze etc. Zeuge einer Schenkungsurkunde Landgraf Alberts für das Kloster Heusdorf ist. Dat. Vere 1291, fer. II. prox. post. Nicolai.
Schmidt Zw. I, 190. Garze I, 360. Thur. sacra p. 365.

Als in demselben Jahre Dietrich, Burggraf von Leisnig, seine Lehensleute im Pleissenlande an den Voigt zu Plauen und dessen Erben verkauft, findet sich unter jenen auch die Frau Friedrichs von gluchow in Remse mit 7 Solidis Zinsen. Dat. Altenburg 1292 die omn. actor. (Mitth. des Osterl. V, 99 und 126.) Ob Schönburg?

1292:

Am Himmelfahrtstage, den 16. April, übergibt Markgraf Friedrich von Meissen dem Kloster Geringswalde das von Heinrich von Rochlitz erkaufte Gut Dyestorff. Bei der Ratification des zu Rochlitz abgeschlossenen Verkaufs sind gegenwärtig: Heinrich von Colditz, Hermann von Schonburgk, Heinrich von Königsfeld, Gottfried von Hangwitz, Otto von Rueten, Eckelmann von Rochlitz u. s. w.
Urk. abgedr. bei Bernh. S. 57. Anal. Sax. 1767 S. 79. Die deutsche Urk. dürfte nur eine Uebersetzung sein. Bernh. S. 9 und 12 nimmt Dyestorff für Threudorf (G.A. Rochlitz), während man auch geneigt sein kann dafür Dietzoder Dittmannsdorf (G.A. Geringswalde) zu setzen, welches Dorf auch zum Kloster gehörte. Ein Joh. de Rochlitz ward schon 1233 genannt.

1293:

Am 18. April ist Hermann von Schönburg Schiedsrichter zwischen Markgraf Friedrich von Meissen und Dietrich von der Lausitz, desgleichen Zeuge von wegen Markgraf Dietrichs bei einer Richtung mit Markgraf Friedrich von Meissen.
Am 1. Sept. unterzeichnen Theodericus und Hermannus de Schonenburg die Urkunde einer Altarstiftung in der Thomaskirche zu Leipzig durch Landgraf Diezmann von Thüringen, nach einem grossen Siege über seine Feinde.
Schütz. und Kr. Nachl. I. 60. Wilke Ticemannus p. 103. Gretschel I. 176.

1294:

Friedrich und Hermann von Schönburg beurkunden, dass die Schlösser Dresden, Radeberg, Thamnd. Dippoldiswalde, Wilnsdorf (Wilsdruf), Liebethal, Ottendorf, womit König Wenzel von Böhmen den Markgraf Friedrich den Kleinen beliehen, nach Beider Verabredung ihnen unterpfändlich übergeben worden seien, um solche nach Friedrichs Tode, dem sie wahrscheinlich eine Summe Geldes vorgestreckt hatten, als lediges Lehen an ihren Herrn den Böhmenkönig oder dessen Erben zurückzugeben.

Diese für die Geschichte der sächsischen Lande wichtige Urkunde wird bisweilen als verdächtig und unterschoben bezeichnet, doch wird sie unzweifelhaft durch Pelzels Abhandlung über die Herrschaft der Böhmen in Meissen, in den Abhandlungen der böhm. Ges. der Wiss. 1787 III. S. 39 ff. und durch Gretschel I, 171. Im Falle des Todes Friedrichs des Kleinen würden nämlich dessen ältere Brüder Anspruch auf dessen Verlassenschaft gemacht haben. Einige setzen das Datum in das Jahr 1344 und beziehen demnach die Urk. auf Markgraf Friedrich den Ernsthaften, (Pelzel Karl IV. S. 125. Ludewig rel. VI, 31), Andere in das Jahr 1314, weil der Friedrich noch lebte, der erst 1316 starb (Schöttgen), wieder Andere, weil in der Urkunde steht: hoc de saepe dictorum domini regis et Friderici voluntate, wonach König Wenzel, der 1305 starb,

4 *

noch am Leben gewesen sein müsste, in das J. 1304 und noch Andere in die Zeit zwischen 1289 und 1298, weil angeblich Hermann von Schönburg 1300, Friedrich der Aeltere 1299 und Dietrich 1298 das Zeitliche segneten (Kanzler S. 428 Anm.) Dann würde allerdings das Jahr 1294 auch hinsichtlich VII. Ind. passen und folglich für MCCCXLIV zu lesen sein MCCXCIV. (Pubitschka V. 559. Adelung Inv. p. 137, Lönig cod. germ. dipl. I, 406). 1300 den 19. April bekennt K. Wenzel von Böhmen, Dresden, die Burg Radeberg, den Friedewald und die Burg Dohna mit allen Zugehörungen von Bischof Albert von Meissen zu Lehen empfangen zu haben.

Im J. 1294 soll Reichwin von Schönburg Canonicus in Speier gewesen sein, doch dürfte der Zusammenhang dieses R. den Vogel und Stöckh. I. 18 und andere Chronisten ohne weitere Quellenangabe hier anführen, mit unserer Familie erst festzustellen sein, da Werke über das Bisthum Speier ihn nicht erwähnen.

1295:

Friedrich und Dietrich, Gebrüder von Schönburg verkaufen der Kommende des deutschen Ordens in Komotau (Chomutow) das Dorf Ottwitz, jetzt Udwitz, unter Verzichtleistung ihres Neffen Borso von Riesenburg in seinem und seiner Brüder Namen. Dat. in Udelitz (Eidelitz) VII. Id. Apr. (den 8. Apr.) In der erstern dieser Urkunden tritt Wilhelmus de Schonenburg als Zeuge auf. Mit Benutzung der Reg. 1281 ergibt sich, dass obige Brüder, von denen Friedrich der obengenannte Vormund der Riesenburg'schen Erben genannt wurde, Brüder der Agatha von Schönburg, Gattin Bohuslava von Riesenburg sind. Die Orig. Urkk. sind im Prager Gubernialarchiv und theilweise abgedr. in Millauer d. deutsch. Ritterorden in Böhmen S. 43, 136, 137. Krahl Komotau S. 10 efr. Schuller Saatzer Kreis S. 175. Dietrich von Schönburg soll 1298 gestorben und darnach eine Theilung erfolgt sein, welche Angabe freilich noch zu begründen ist. Aus dem Besitze von Udwitz schliesst man (Seidler, Rothenhaus, Einleit.) auf die Wahrheit einer auch von Stöckhardt I, 15 vertretenen alten Meinung, dass die Herren von Schönburg zu Anfang des 10. Jahrhunderts die Herrschaft Rothenhaus besessen haben. Udwitz das noch 1378 im Besitze eines Borso von Riesenburg war (Ralb. misc. V, 1, 67) liegt 3, St. südlich von Rothenhaus, ist nach Görkau gepfarrt und gehört jetzt der Gräfin Buquoy (Sommer B. 14, 139). Der deutsche Orden in Komotau, erst 14 Jahre vorher entstanden, wurde die reichste Kommende in Böhmen und verkaufte diese Besitzung erst wieder im J. 1398. (Ill. chr. v. B. I, 25. Krahl Komotau).

1297:

Friedrich junior von Schönburg schenkt mit Einwilligung seiner Brüder Hermann, Friedrich und Dietrich dem Kloster Geringswalde das Dorf Brunigisdorf (G.A. Borna). mit dem dabei liegenden Dorfe, welches wahrscheinlich Hoyersdorf sein wird. Zeugen dieser auf dem Schlosse Lichtenstein am 22. Jan. 1297 (XI. Cal. Febr.) ausgestellten Urkunde sind: Henricus miles de Tribanshayn, Lutoldus miles de Waldeschsen, Albertus miles de Mekow, Hermannus de Olsen, Guntherus de Franckenberch, Apecz de Olsnitz etc.

An demselben Orte und Tage ertheilen die drei Gebrüder brieflich die Einwilligung zu der gemachten Schenkung, bekräftigt durch dieselben Zeugen, die uns zum Theil schon aus früheren Urkunden, als im Gefolge der Familie sich befindende Schönburgische Vasallen, bekannt sind. Neu ist uns in diesen beiden, bei Bernh. S. 58 und 59 V. G. A. P. 3 und Q. 3 abgedruckten Briefen, dass ausser der Jungfrau Maria, sowohl Johannes der Täufer, als Johannes der Evangelist Schutzpatrone des Klosters, in quorum honorem fundatum est dictum claustrum, ausdrücklich genannt werden. Unter Brunigisdorf ist Brennsdorf bei Geringswalde gemeint (Stöckh. I, 23 und Reg. 1299). Das bei Breunsdorf gelegene kleine Dorf, villula, das in beiden Urkunden namentlich nicht angegeben ist, wird jedenfalls Hoyersdorf sein, denn in einem alten Zinsregister heisst es: „Item der richter ezw brennsdorff fordirt eyn den ezehennd ezw heyersdorff, do bey gelegenn vmnd leit denn dreschen, das man denn holt, wenn auch beim Tausche, 1543, das Dorf der Familie von Schönburg wieder gehört. Breunsdorf und Wiera (s. Reg. 1286) blieben 1543 dem Kloster, in diesem Jahre jedoch wurden sie dem Kurfürsten Johann Friedrich von Sachsen als Zahlung für das den Herren von Schönburg überlassene Nonnenkloster zu Remse mit überlassen. (Kreys. Beitr. II, 164. Bernh. S. 12 und Stöckh. Schb. Cal. 1765.) Betrachten wir die Zeugen, so ist Henricus de Tribanshayn, Tribenshagen, oben b. J. 1280 bereits genannt. Lutoldus miles de Waldeschsen besass jedenfalls das gleichnamige Dorf bei Crimitschau. Albertus miles de Mekow, vielleicht auf Thurm bei Glauchau gesessen (s. Reg. 1290), Hermannus de Olsen ist 1305 castellanus, Burgmann zu Crimitschau (Sch. und Kr. Nachlese X, 203). Ein Ramfoldus de Olsen 1349 (l. c. 207), Agnes 1365 und 1388, Cunne de Oelzen ist 1388 und 1394 Priorin in Frankenhausen und stammten sicher von einer in der Nähe begüterten Familie. Apecz de Olsnitz, auf Oelsnitz bei Lichtenstein. [Auch der Pirn. Mönch hält dieses, jetzt noch Schönburgische Gut, für das Stammgut der Familie von Oelsnitz, die später, Ende des 17. Jahrhunderts, Güter im Voigtlande z. B. Döbertitz bei Plauen besass und in Mähren (Gaube Adellex. II, 817, Menck. ser. II, 1589). Auch waren die von Oelsnitz Altenburgische Burgmannen (Mitth. d. Ges. d. Osterl. I, 1. 16) und erscheinen in Burggr. Meissen. Urkunden z. B. Ulricus miles dictus Olsnitz 1298, Hermann de Olseniz 1338, Regebrecht von der Oelsnitz 1344, Eberhart von der Olsnitz 1362 und 1386. Hans Eyhe der Altere von Olsznitz, ein Kursächs. Untersasse, hat die von Elbogen zum Westfälischen Gericht geladen 1458 (Fontes rer. Austr. XX, 136)]. Der Rittergut Oelsnitz besassen später Anarg und Heinrich Gebrüder Herren von Wildenfels zu Schönfels gesessen, welche das Vorwerk zu Oelsnitz 1427 an Niclas Jacoff und dessen Sohn Peter, Bürger aus Zwickau, verkauften (ungedr. Urk. bei Krähne Dipl. F. f. 613). Dann besass Oelsnitz die Familie Trützchler von Eichelberg und nach Aussterben derselben, von 1632 an, das Haus Schönburg. Nur kurze Zeit hatte es, vielleicht als Heirathsgut, die gräfliche Familie Promnitz inne. Der Antheil des Dorfes, der noch lange der Grünhain'sche genannt wurde, kam durch Kurfürst Christian 1592 an das Haus Schönburg, nachdem die Abtei Grünhain säcularisirt war. (Oesfeld I, 186).

1287 den 28. Mai bekennt Hermann miles dictus de Schönburch, dass diejenigen Güter in Grünberg bei Crimitschau, welche Burggraf Albert von Starkenberg, dictus de Stalburch, Stollberg im Erzgebirge, dem Kloster Frankenhausen geschenkt hat, dessen Eigenthum gewesen sind.

Die betr. Urkunde bei Sch. und Kr. script. II, 512 abgedruckt, befindet sich im Hpt.St. A. Dresden nr. 1536, mit dem Siegel Hermanns von Schönburg, verziert mit einem Helmschmuck, und lautet nach genauer Vergleichung:

Nos Hermannus miles dictus de Schonenburch, Recognoscimus publice tenore presentium litterarum, quod nobis constat, quod bona in Grunenberch sita, que Nobilis dominus Albertus Burgravius de Starkenberch, dictus de Stalburch, dedit ecclesie sanctimonialium in Vrankenhusen, fuerunt sua proprietas, et ipsa bona dedit eidem ecclesie, cum judiciis, tam in personis, quam in rebus, quae habebat in dictis bonis, et omni jure in pratis, virgultis, areis, piscaturis, et aliis omnibus ad ipsa bona praefate ville attinentibus, perpetuo nomine proprietatis possidenda. In cujus rei testimonium presentem litteram ipsi ecclesie datam nostri sigilli robore jussimus communiri. Datum anno Domini, MCCXCVII quinto Kalendas Junii.

Mit den Burggrafen von Starkenberg standen die Schönburger mehrfach in verwandtschaftlichen Beziehung, wie wir unten sehen werden. Hier mag Folgendes genügen: Albert war wahrscheinlich schon 1290 gestorben (Hopf Atlas I, 155) und bedurfte es vielleicht deshalb einer Bestätigung. Sie stammten väterlicherseits ab von den Burggrafen von Dewin und mütterlich von den Reichsassen von Teckwitz, von welchen sie Starkenberg besassen und den Namen annahmen. Starkenberg, ein Dorf und Rittergut, eine Stunde von Meuselwitz entfernt, hatte früher ein Schloss, das auf einem bei dem Dorfe gelegenen Berge stand, von dem jedoch jede Spur verschwunden ist. Wie aus einer Urkunde d. Prag 1267 sich ergiebt, bildeten sie eine Linie der Burggrafen von Dewin und diese eine Nebenlinie der Burggrafen von Altenburg. Sie galten als Dynasten; in Bezug auf ihre Besitzungen, die einzeln im Pleissenlande lagen, waren sie meissnische und bischöflich Naumburgische Reichslehenträger und Lehenträger. Sie werden sehr oft als Zeugen gefunden um diese Zeit z. B. Cod. dipl. Sax. reg. II. 1. nr. 303 u. s. w. Heckers Nachr. v. d. Hschft. Starkenb., Altenb. K. Gall. S. 28. Sie starben um 1430 aus. Albert wird oben Besitzer von Stollberg im Erzgebirge genannt, welches 1347 in Friedrichs von Schönburg Besitz erscheint und da 1360 Heinrich von Starkenberg desselben Friedrichs Neffe heisst, so lässt sich die Erwerbung von Stollberg, das bis 1367 unserer Familie gehörte, erklären. Hermann von Schönburg soll 1300 gestorben sein.

Grünberg, Grunenberg oder Grunbergk, eine Stunde von Crimitschau, hatte bis 1290 ein vom Burggraf Erkenbert von Starkenberg gegründetes Nonnenkloster, Cisterzienser-Ordens, das bis zur Reformation in Frankenhausen war (s. Reg. 1360). Er besass die Dörfer Grünberg, Heyersdorf, Friedrichsdorf, Gessau, Antheile an Arnoldsdorf, Leitelshain und Wahlen, Obergerichte und Frohne in Frankenhausen und das Patronat daselbst, zu Grünberg und zu Zschernitsch. nebst verschiedenen Erbzinsen. (K. Gall. XI, 69, 104, 150).

1298:

Als sich Albrecht von Oesterreich zum Gegenkaiser Adolphs von Nassau aufgeworfen, verpfändete er um 50,000 Mark Silbers den Egerdistrict, das südliche Pleissenland, die Reichs-

Städte Chemnitz, Altenburg und Zwickau und das Markgrafthum Meissen an die Krone Böhmen und nach erfolgter Wahl nahm König Wenzel die Huldigung ein. Daher wurden ausser den Burggrafen von Altenburg und Leisnig, auch die Herren von Coldits, Crimitschau, Waldenburg, Schönburg und Hartenstein Reichsafterlehenträger von Böhmen. Wiederholt wurde dieses Verhältniss aufs Neue durch Karl IV. hinsichtlich der Herrschaften Glauchau, Meerane und Lichtenstein, Crimitschau aber war markgräflich meissnisches Lehen. Bei dieser Verpfändung nun stellte König Wenzel von Böhmen den Dynasten Friedrich von Schönburg als Oberhofrichter des Pleissenlandes in Altenburg an, was wahrscheinlich im J. 1300 geschah. Als solcher soll er selbst Pfandinhaber für den König von Böhmen gewesen sein. Urkundlich wird er als Oberhofrichter, oder judex generalis terrae Plisnensis, 1300 gefunden, 1304 jedoch hat diese Würde Heinrich von Schellenberg wiederum inne und ein Herr von Castel, erst 1306 wiederum Friedrich von Schönburg zugleich mit Albert von Hoheulohe.

Ludewig rel. V., 444. Limmer Plsm. 439, 462. 472, 473, Mench. ser. III. 1013. Bruns Jahrbb. Huth Gesch. von Altenb.. Senckenberg S. 27. Gjetschel I. 180.

1299:

Bischof Bruno von Naumburg übergibt dem Convente zu Beutlitz nach Resignation Günthers von Schönburg (wahrscheinlich bei Naumburg) am 17. Juni 1299 ein Lehen zu Tannen. Kröhne Dipl. B. 232.

Friedrich von Schönburg, junior, schenkt mit Einwilligung seiner Brüder Hermann und Friedrich, am 14. Okt., den Klosterjungfrauen zu Geringswalde, zur Ehre Gottes und Mariä und zum Heile seiner Seele das Dorf Brunyngisdorf (Breunsdorf) mit allen Rechten und dem Patronate. Eine besondere Bestimmung enthielt die Schenkung, dass die Nonnen Weizenbrod erhalten sollen und wöchentlich eine Seelenmesse gehalten werden soll. Die bisher ungedruckte Urkunde lautet:

In nomine sancte et individue trinitatis amen Nos fridericus junior de schonenpurch omnibus hanc litteram inspecturis salutem in eo qui vivit in secula seculorum. Cum per inobedientiam primi hominis omnia corruptioni sint subjecta Ideo salutare esse dinoscitur ut omnia que fiunt ob salutem hominum scriptis attenticis et hominum testimonio confirmentur. Omnibus igitur tam presentis quam futuri evi fidelibus notum esse volumus Quod cum consensu nostrorum fratrum hermani et friderici conventui sanctimonialium in gerungiswalde ob honorem dei sueque matris et in nostrorum remissionem peccaminum villam brunyngisdorf cum omni jure et utilitate cum allodio et jure patronatus ecclesie contulimus eterne proprietatis titulo et presentibus elargimur eisdem bonis una cum judicio et aliis juribus abrenunciando divine intuitu karitatis. Hoc propter eternum memoriale additientes ut de bonis hujus ville collegio ancillarum christi ibidem in gerungiswalde panis triticeus et pulcher per praepositum eternaliter ministretur et in altari de novo adhuc per dominum hermannum modernum prepositum construendo singulis ebdomadis missa pro peccatis nostris deberet celebrari nostrum vero post discessum hec missa in missam pro defunctis convertere In cujus ordinationis et collationis testimonium et observancium incommutabilem hanc literam scribi fecimus et nostri sigilli munimine roborari presentibus hiis domino hermanno praeposito. Jordano milite de brande Snüdigero milite de brane evundo de olsinks gunthero de frnkinberch Cunado de krischow et pluribus aliis fidedignis Datum et actum in castro stalburch anno Domini M° cc° xc° nono in die beati kalixti pape.

Diese Urk., deren Siegel fehlt und welche Bernhardi nicht kannte und womit die Schenkungen bei Stöckh. I, 23 gemeint sein werden, bezieht sich demnach auf den im J. 1297 wahrscheinlich nur theilweise dem Kloster überlassene Dorf Breunsdorf. Zeugen sind u. A der Probst Hermann (Nachfolger also Johann's s. 1276), Cunadus de olsinke, vielleicht der 1297 vorkommenden Familie angehörend. Der Ausstellungsort Stalburch ist Stollberg im Erzgebirge (s. 1297).

1300:

Markgraf Friedrich der Kleine, Herr von Dresden, schenkt am 5. Juni dem Kloster Nimtschen bei Grimma den Bergzehenden von den Bergwerken zu Dippoldiswalde, bei welcher Verleihung zu Dresden gegenwärtig ist nobilis vir Fridericus de Schoninberg junior.

Urk. bei Klotzsch Urspr. der Bergw. S. 315. Das Orig. im Hpt.St.A. Dresden.

——— 38 ———

In diese Zeit gehört auch eine Zuschrift an die Ritter, milites, Pilgerimo de Renis (Reuss) und dessen Brüder, an Nicolaus de End (Ende), Gerungus de Lom, sich in einer Angelegenheit persönlich in Walckenstain (Wolkenstein) einzufinden, zu welchem Behufe die von Borso von Riesenburg und Ulrich Pflug erwählten Schiedsrichter Thiemo von Colditz und Pflug sich ebenfalls dorthin begeben würden. Auch sie sollen zwei Schiedsrichter stellen, welche dann einen festzuhaltenden Vertrag zwischen den streitenden Parteien errichten sollen. Zu diesem Zwecke soll ein achttägiger Friede, den die Herren von Schönburg, von Waldenburg und von Starkenberg versprechen, eintreten. Zeit und Ort dieser Urkunde sind nicht bekannt. Die Zuschrift ist an Personen gerichtet, die mit Schönburgern in Verkehr standen und stehen konnten, da sie zum Theil deren Vasallen waren.

Die Urk., überschrieben: tractatus compositionis qui fit inter Barones pro captivis tractantes, ist abgedr. im cod. epist. Joh. regis Boh. ep. 58. Unter Pilgerimus de Reuis, Nic. de End und Gerungus de Lom sind Adelige des Pleissenlandes zu verstehen, die ihre Rittersitze auch daselbst z. B. im Dorfe Reuss bei Altenburg und Lohma hatten. (s. Altenb. K. Gall. S. 40. Mitth. d. Gea. d. Osterl. V, 111, Kneschke Adelslex. 3, 107. Webers Archiv 3, 205 ff.) Ein Johannes de Lom ist schon 1222 erwähnt in Sch. und Kr. Nachl. X, 199. Gerhard de Lom um 1400 in d. Mitth. d. Osterl. V. 53 Glieder der Familie wurden uns oben 1279—82 genannt.

1301:

Burggraf Dietrich von Altenburg erneuert und bestätigt dem Kloster in Altenburg die von seinen Vorfahren bereits gewährten Beneficien. Der erste Zeuge dieses Briefes ist Fridericus de Schonenburg, terrae Plisnensis judex. Menck. scr. III, 1084. Schwarz burggr. Leisn. p. 347.

In demselben Jahre bescheinigt Friez de Sconenburk, dominus in Crymatzow, dass Gertrudis, eine Witwe, genannt Raptrix, den Nonnen zu Frankenhausen, zu ihrem, ihres Mannes und ihrer Eltern Seelenheil, zu Anschaffung von Büchern gewisse Zinsen im Dorfe Lutoldishayn, Leitelshain bei Crimitschau, geeignet habe, welche Johann der Müller und Johann Walther daselbst entrichteten.

Die bei Sch. und Kr. scr. II, 512 abgedr. Urkunde, deren Orig. im Hpt.St.A. Dresden sich befindet, lautet genau:

Nos Friez de Sconenburk, dominus in Crymatzow omnibus hanc paginam inspecturis perpetuam in Domino salutem — Recognoscimus igitur tenore praesentium universis, quod Gerdrudis Relicta pie memoriae dicta Raptrix, comparavit apud nos pro suis denariis, sanctimonialibus in Frankenhusen unam marcam annui census sitam in Lutoldishayn, videlicet Johannem molendinarium et Joh. Waltheri, pro nunc tempore censuales, pro octo sexagenis grossorum, et Jus feudale pro duabus sexagenis, ad reparationem librorum conventus praelibati, pro remedio animae suae et sui mariti ac omnium parentum, suorumque progenitorum. In hujus rei evidentiam praesentem litteram munimine nostri sigilli firmiter fecimus roborari. Testes hujus sunt Couradus miles dictus Truzeler, Conradus Tossze, Herrmannus, praepositus de Stalburek, Nycolaus Gryz, frater Hertwicus et alii quam plures fide digni. Acta sunt haec anno incarnationis Domini Millesimo CCCI.

Hier also tritt zum ersten Male diplomatisch Friedrich von Schönburg als Besitzer der Herrschaft Crimitschau auf und sind Einige sogar geneigt, ihn, ohne weitere Begründung, als Besitzer von Lichtenstein mit zu bezeichnen (Kästner S. 48). Was die Zeugen anlangt, so gehörte Conradus miles dictus Truzeler oder Trützschler, der oben beim J. 1297 gedachten Familie an, die später das Rittergut Oelsnitz bei Lichtenstein und weiter das Rittergut Elzenberg bei Glauchau besass, das, noch heute zum Theil, nach ihren Besitzern kurzweg der Trützschler genannt wird. Wahrscheinlich ist dieser Conrad identisch mit dem Besitzer des Gutes Hart bei Mosel (1317, 1322) und noch 1349 erscheint ein Contze longus Trutscheler, capellanus in Crimaschowe, sowie 1360 Conrad als Schönburgischer Burgmann auf dem Schlosse, 1451 Heinze auf Langhessen (Herzog Zw. II, 120 und K. Gall. XI, 104) und 1521 Conrad und Karl auf Schiedel. Conrad kämpfte 1290 für Landgraf Alberts von Thüringen Söhne gegen den Markgrafen Heinr. von Brandenburg (Gretschel I. 176). Der letzte dieser Familie, Hildebrand Trützschler von Eichelberg, Besitzer des Schlosses Stein bei Hartenstein, geboren daselbst am 6. Nov. 1561, starb unbeerbt am 12. Jan. 1632 und ward, obschon das Erbbegräbniss zu Hartenstein war, mit Schild und Helm zu Limbach begraben. Seine Besitzungen fielen an Hartenstein. Die Witwe Raptrix war jedenfalls die 1317 genannte Witwe der Gebrüder von yzenberg (Eisenberg).

Göpfert S. 28. 241.

1303:

Am 19. Nov. erfolgte ein Schied Ulrichs, Archidiaconi ecclesiae Merseburg., über das Patronat der Kirche in Kohren (Chorun), welches dem deutschen Hause in Altenburg, nicht aber dem Markgrafen Friedrich von Meissen, noch Friedrich von Schönburg zustehe. Lata in ambitu eccl. Merseb. 1303, XIII. Cal. Dec.

Orig. Urk. im Hpt.St.A. Dresden nr. 1742. Mehr über die Beziehung des Hauses Schönburg zu Kohren s. h. J. 1380.

1305:

Um diese Zeit verspricht Friedrich von Schönburg, Friez de Sconinburg dom. in Crimatschowe dem Kloster St. Clarae zu Weissenfels im Besitz des Holzes, worüber dasselbe mit vier Gebrüdern von Ponzin bisher in Streit gelegen, nicht zu hindern.

Das Orig. dieser Urk. auf Perg., mit dem Siegel Friedrichs von Schönburg „Sohn Hermanns", befindet sich im Hpt.St.A. Dresden, nr. 5114 q. und obgleich ohne Ort und Jahr, scheint es doch in diese Zeit, um 1305, zu gehören.

Religiosae Domine Abbatisse ac conventui sanctimonialium ordinis sanctae Clare in Wizenvels ffritz de Sconinburg Dns in Crimatschowe perpetuam in domino salutem. Fovit vestra devocio ac universi presentes literas inspecturi quod in silva pro qua cum fidelibus nostris videlizet henrico conrado heydenrico et hermanno fratribus dictis de ponzin hactenus placitastis in nullo nec nos nec aliquis heredum nostrorum volumus vos de cetero impedire. In cujus rei testimonium perpetuum literam hunc sigilli nostri appensione dedimus sigillatam.

Derselbe Friedrich von Schönburg, Fridericus junior de Schonenburg, filius Hermanni, wie die Umschrift des noch vorhandenen Siegels ausdrücklich sagt, übergibt dem Kloster Frankenhausen das Patronat in Scirntsch. dat. 30. Nov. 1305.

Die Urk. bei Sch. und Kr. ser. II. 512 C. abgedruckt und das Siegel auf tab. VI. 70 abgebildet. besitzt im Orig. das Hpt.St.A. Dresden und lautet nach Vergleichung vielmehr:

Ego Fridericus junior de Schonenburg Recognosco, ne omnibus has litteras visuris cupio fore notum, quod ego dedi et tenore praesentium do Jus patronatus ecclesiae in Scirntsh, Nuenburgensis dyocesis, quod ad me pertinere dinoscitur, ecclesiae sanctimonialium in Vrankenhusen, ejusdem dyocesis, propter deum et remissionem meorum peccaminum, renunciando in hiis scriptis omni juri, quod michi in jure patronatus dictae ecclesiae competit, vel competere videbatur. In cujus rei testimonium has litteras feci mei sigilli robore communiri. Hujus rei testes sunt Honorabiles viri dominus Hermannus, praepositus in Crimatschowe, dominus Conradus de Orla, dominus Conradus de Trutsheler, dominus Tvntzoldus, milites, Hermannus de Olsen. Heinricus de Kowitz, Ericus de Gabelence, castellani mei in Crimatschowe, et plures alii fide digni. Datum und actum anno Domini M. CCC. V. pridie Kalendas Decembris.

Scirntsch bezeichnet das Dorf Zschernitsch bei Altenburg, wo das genannte Kloster einen Pfarrer oder Vicar unterhielt (s. Altenb. K. Gall. S. 249). Obige Schenkung bestätigte Bischof Ulrich von Naumburg am 14. März 1306 (s. Sch. und Kr. ser. II, 513, D. und Göpf. S. 28, 41). Die in der Urkunde auftretenden Zeugen sind uns theilweise schon bekannt. Hermann ist Propst zu Frankenhausen, Conradus de Orla bereits 1261, 1288, 1290, Conradus de Trutsheler 1301, Hermannus de Olsen 1297 genannt. Henricus de Kowitz gehört einer Adelsfamilie an, die noch weiter vorkömmt z. B. Tymo, miles de Kowiz 1258, Henricus, Zeuge am 15. Aug. 1317. Nicolaus, notarius, Zeuge den 27. Febr 1345, Johannes d. 26. Jan. 1349. Nicolaus, Pfarrer zu Stalberg (Stollberg) Z. d. 27. Sept. 1351 mit Hannus von Kowitz, ferner wird der Manne von Kowiz, derer von Schönburg zur Slesen (Schlettau) Manne, an die Landgrafen von Thüringen Friedrich, Wilhelm und Georg genieen am 10. Mai 1394. Ericus de Gabelence, castellanus in Crimatschowe, wie die vorgenannten Zeugen, nannte sich vom Stammgute Gablens bei Crimitschau und gehört einer der ältesten und angesehensten meisnischen Adelsfamilien an. Schon 1221 wohnte hier Georg von G. der bei Markgraf Friedrich von Meissen in grosser Gunst stand. 1275 war Dietrich von G. Zeuge in einer Urkunde Günthers von Crimitschau (Sch. und Kr. Nachl. X. 202) und bei der Stiftung des Hospitals in Crimitschau werden Güter dieser Familie in Hartha bei Lauenhain (Hartha G.A. Crimitschau) genannt (Reg. 1317, 1350—4). Heueze v. d. G. ist Schönburgischer Voigt zu Crimitschau 1360, Albrecht 1388 Burgmann zu Altenburg (Horn Frid. beil. p. 679, 680). 1390 Heueze von der Gabelence zur Ungewissheit, Schönburgischer Lehmmann und seine Frau Anna werden 1390 genannt. 1436 ist Albert v. d. G. Abt des Klosters zu Altenburg, 1493 Johann v. d. G. auf Windischleuba bei Altenburg gesessen (Sch. und Kr. ser. II, 522). 1529 verkauft Georg v. d. G. dem Kurfürsten Johann von Sachsen das Burglehen zu Altenburg, auf dem er und seine Voraltern gelebt u. s. w. Die Familie wird oft erwähnt in d. Mitth. der Gesch. des Osterlandes, s. auch Knreschke Adelslex. III, 415. Noch heute besteht die Familie in hohen Ehren im Herzogthum S.Altenburg und in Oesterreich in der Person des Höchstcommandirenden im zweiten Dänenkriege 1864.

1306:

Friedrich von Schönburg, Schonenburg, der junge, zu Crimitschau, Crimazow, gesessen, verbindet sich, nach dem Willen des Kaisers Albrecht, mit den Reichsstädten Altenburg, Chemnitz und Zwickau, welche sich bereits 1292 bei den Differenzen zwischen dem Landgraf Albert und seinen Söhnen vereinigt hatten, zur Behauptung der Reichsunabhängigkeit, unter Vermittlung des Burggrafen Albert von Altenburg und Uoarchs von Waldenburg, zu Waldenburg, vig. Pauli conv., den 24. Jan. 1306. Bald nach Abschluss jenes Bündnisses, das Conrad von der Orla, Conrad Trützschler, Truziler, die Ritter, der Propst Hermann von Frankenhausen und mehrere Chemnitzer Bürger als Zeugen unterschrieben und welches nöthigen Falls Graf Philipp von Nassau auf kaiserlichen Befehl unterstützen sollte, begann der Kampf zwischen Landgraf Albert, auf dessen Seite die Reichsstädte und Friedrich von Schönburg kämpften, und seinen Söhnen. In einem Treffen bei Lichtenstein, am 15. Mai 1306, siegten Alberts Söhne, und die Reichsstädte, besonders Zwickau, erlitten grossen Verlust. Nachdem Albert, gezwungen von seinem Sohne, Markgraf Friedrich von Meissen, abgedankt hatte, zog 1307 Kaiser Albrecht mit Heeresmacht heran, um dem Markgrafen Friedrich Meissen und das Osterland zu entreissen, weil ihm wahrscheinlich nach dem silberreichen Erzgebirge gelüstete. Borna ward mit Hilfe der Reichsstädte genommen und Lucka im Altenburgischen belagert, doch wurden hier am 31. März 1307 die Kaiserlichen und deren Anhang in einer grossen Schlacht geschlagen, Graf Philipp von Nassau, der kaiserliche Heerführer getödtet und Friedrich von Schönburg, der Anführer des Contingents der Reichsstädte, gefangen. Dadurch gelangte Markgraf Friedrich der Gebissene in den Besitz seiner Länder, zu denen er noch das kaiserliche Pleissenland schlug. Die Gefangenen, unter ihnen also auch Friedrich von Schönburg, wurden in feierlichem Zuge nach Leipzig geführt; doch erhielt Friedrich bald seine Freiheit wieder.

Obige Urk. im V.G.A. A. 3 und Herzog Zwickau II. 873. Ueber die Thatsachen: Gretschel I. 184. Herzog II. 45. Beust Jahrbuch. I. 67. Hering Hochland I. 100. Stöckle. I. 23. Brann III. 347. Glafey Kern 93 ff. Garzo de bello Frid. adm. p. 29 in Hoffm. scriptores rer. Lus. p. 52: „praecrat hostilibus cohortibus Bohemus quidam, cui Schonbergo erst cognomen; hic captus est et in carcerem conjectus."

1307:

Um diese Zeit werden Heinrich und Jacob (?) von Schönburg erwähnt in Joh. Gerson's von Bononien Chronica des durchl. Friedrichen, Landgrafen in Thüringen, ohne dass man anzugeben vermag, welcher Familie sie angehören.

1309:

In einer Altzellischen Urk. vom 6. Nov. 1309 wird die Witwe Heinrichs von Schönburg genannt, welche eine halbe Hufe im Dorfe Strowelyn besass.

Beyer Altzelle S. 574.

1312:

Die Gebrüder Friedrich, Hermann und Friedrich von Schönburg übergeben zu Prag am 25. Sept. 1312 dem König Johann von Böhmen das eine geraume Zeit innegehabte Unterschenkenamt des H. R. R., officium suppincernae, über Kaden und Zubehör, in welcher Gegend bekanntlich die Familie viele Besitzungen hatte.

Die betr. Urk. bei Ludewig rel. VI. 32. Lünig cod. Germ. dipl. I. 987, Schöttgen inv., wo fälschlich VI. Cal. Oct., d. 26. Sept. steht. Balb. misc. VIII. ep. 115, extr. p. 158 steht: Hermanni et fratrum de Soubarch, renunciatio officii super Cadan et pertinentia ejus, and p. 163. init. fälschlich 1342 für 1312. — Im J. 1304 und 1308 finden wir in zwei Urkunden König Wenzels von Böhmen und des Witwe de Swabenie: Albero subpincerna domini regis. Dobner p. 226 und cod. dipl. Morav. VI. 16. Nach Mikowec (Alterth. und Denkw. Böhmens II. 5) „hatten die Verwalter der Kadener Zupa, welche 1312 von den Gebrüdern von Schönburg abgetreten warde (nach Mik. am 15. Sept.) zeitweilig zum Amtssitz auf der Burg Hassenstein, die sonst Eigenthum der Krone war. Die Schönburger aber waren gerade die ersten bekannten Dynasten auf Hassenstein, denn schon zu Ende des 13. Jahrh. (?) gab König Wenzel II. die Burg den Herren Friedrich und Dietrich von Schönburg zu Lehen. Friedrich von Schönburg nahm Theil an den Verwicklungen und Fehden der Jahre 1316—18 und gebot über ein ansehnliches Besitzthum. Sein Sohn, ebenfalls Friedrich geheissen, stand bei Karl IV. in grossem Ansehen, er besass mit seinen Brüdern Albrecht und Dietrich die Lehen und Güter Kaden. Presnic, Pürstein und Egerberg und starb im J. 1364 als Herr auf Hassenstein." Da wir bereits beim J. 1295 Friedrich und Dietrich Gebrüder von Schönburg im Besitze von Udwitz bei Komotau sahen, so ist es jedenfalls nicht gewagt, aus dieser Zeit die Erwerbung böhmischer Güter, sei es durch Verwandtschaft mit der Familie von Riesenburg, oder von Egerberg, wie wir sie kennen gelernt haben und unten diplomatisch nachweisen können, abzuleiten. Von Pürstein, Byrnenstein, Pirschenstein schreibt sich zuerst die Familie Schönburg-Crimitschau im J. 1343, von Hassenstein zuerst 1350, während Trautenau erst 1470 nach Hans von Warnsdorf Tode erblich auf Friedrich von Schönburg-Pirschenstein überging.

1315:

Am 1. Mai 1315 geloben elf Adelige, die vom Erzbischof Bernhard von Magdeburg zwischen Landgraf Friedrich von Thüringen und ihnen gemachte Sühne halten zu wollen. Zeugen dieses Gelöbnisses, zu Merseburg abgeschlossen, sind Fritz von Schönburg, Schonemburg, Friedrich von Schönburg, Heinrich von Waldinberg.

Urk. im Hpt.St.A. Dresden nr. 2037. Gretschel I, 191.

1316:

Erkinbrecht, Burggraf von Starkenberg und die Gebrüder Friedrich, Hermann und Friedrich von Schönburg, Schoninbure, verschreiben sich in Zwickau am 10. März 1316, dem Markgrafen Friedrich von Meissen zu dienen mit resp. 10 und 30 Mann vf die Voigte zu Plauen und zu Gera.

Wir Ereinbrecht, der Burcgrave von Starcenberg vnd wir ffriderich herman vnde ffriderich von Schoninbure die gebrudere bekennen an diseme offin briue vnde tun kvnth alin den di in sen odir horin lesin daz wir deme Achhern uurstin vnseme herin Marcgrauin ffriderich Lantgrauin czu Duringin Margrauin zv Misen vnde herin czv Plisin habin gelobit vnde gelobin an diseme keginwertigin briue czu dinne vf di voite czu Plawin vnde czu Gera di wile sin vrlenge wert also hi noch geschribin stet wy Ereinbrecht mit X mannin vuuve vz czv ritene vnde funve de heme czu hutene vnde wi ffriderich mit vnsen Bruderin niith trizik mannin czwenczik vz czv ritene vnde czene ilo heme czv hutene sogetane was wo wir vnde lute werin alleine ane houbitluten vnsis herin des Marcgravin waz vrumin wi do nemin an gefangin di solde wir haldin in vnsir gewalt di wile vnsis herin vrlenge werte.... daz wi vnse lute ab si gevangin werdin mite lvstin vnde vnsin schadin.... mechtin den wir wizinclich bewisin mechtin life dar vbir ist der.... were vnsis herin vnde vnse nicht vinge abir wir vnde onse lute der vorgenantin houbitlute ehenin den solde wi antwortin vnseme herin deme Marcgravin vnd solde sin sin vnde vnse nicht daz dise rede stete vnde ganz si darumme gebe wir disin keginwertigin brif vnseme herin deme marcgrauin mit czwen Ingesigelin vor ingesigilt wi Ereinbrecht mit vnseme vnde wi ffriderich mit czwen vnsin bruderin mit einme vnle daz ist vnser allir wille dire rede sint geczuge her hermann goltacir vnsers herin marschalc her Pilgerim von Remse her Rudolf von Mecowe vuse rittere her Dieterich von Sibeleibin her Ludewic von griezin her Dieterich Mezze di rittere von Wiznize Dire brif ist gegebin czv Czwicowe noch Gotis geburte tvsint jar drihundirt jar in deme sechcenlin jare an der mittewoche vor Sente Gregorius tage.

Diese, nach dem Orig. auf Perg. im Hpt.St.A. Dresden nr. 2060 genau copirte Urk. hat noch die beiden Siegel Friderici de Schonunburg, für sich und seine zwei Brüder und Erkenbr. Burgravii de Starkinbr....

Es trifft dieser Brief in die sogenannte Fehde gegen die Lobdaburger, der Arnshaugkischen Erbschaft halber, in welcher Friedrich von Schönburg seines Schwiegervaters, Heinrichs des Verwaisten von Gera, dessen Tochter Mechtildis er in zweiter Ehe geheirathet haben soll, a. Reg. 1323, Verbündeter war, bis der Streit durch Markgraf Friedrich von Meissen 1316 zu Altenburg beigelegt wurde.

Gretschel I, 190 ff. Limmer Plaun. 496, 544, Voigtl. 444—50, 675—6, Webers Archiv II, 146. Schöckh. I, 23. Pilgerim von Remse und Rudolf von Mecowe. welche von den Ausstellern der Urkunde „vnse rittere" genannt werden, gehören den frühergenannten Schönb. Vasallengeschlechtern an. Ersterer ist vielleicht identisch mit dem 1300 genannten, wegen Letzterem s. ob. A. 1290 und 1297.

In demselben Jahre, und wahrscheinlich in Verbindung mit derselben Angelegenheit, bekennt am 11. Mai Heinrich von Koldicz, dass er zur Ausgleichung der Streitigkeiten zwischen ihm und den Markgrafen Friedrich von Meissen zu Schiedsrichtern gewählt habe: Albrecht, Burggrafen zu Altenburg, Elkenbrecht Burggrafen zu Starkenberg, seinen Oheim Fritz von Schönburg auf Crimitschau, seinen Oheim Friedrich von Schönburg auf Glauchau und Heinrich von Waldenburg, die zu Rochlitz, oder Altenburg, oder Pegau Recht sprechen sollen. D. Altenburg, 1316 vig. Pancrat.

Wie Heinrich von Koldicz bekennen an disem offenen brife das wir alle suche die zwischen vnsem herren dem edeln vursten Marcgraue friderich von misne vnd vns sin ez sie vmb schaden oder warvmbe ez sie gelazzen habn zcu dem edelen manne, dem herren hern albrechte dem burcgreuen von aldemburg zcu dem herren hern Elkembrechte burcgreuen von Starkemberg zcu vnsem omen friczen von schonenburg des crimazchowe ist zcu vnsem omen frideriche von schonemburg des gluchowe ist vnd zcu hern heinriche von waldemberg des sulle wie eines tages warten vor sente michhahels tage zcu rochlicz oder zcu aldemburg oder zcu pigowe weme vnse Ere der marcgrave vns den achte tage vor lezet wizzen vnd sullen tun vnd nemen was vns die

funife oder der funifer einer ab die andern nicht dar kumen mochten noch en wolden
heisen nach minne oder nach rechte were aber das die fumfe vf den selben tac nicht
komen mochten noch enwolden so habe wie das gelobt das wie du selbens einen
biderberman der in vnses herren Lande gesezzen ist eintrechticlich kisen sullen an
den sulle wie alle vnse teiding lazen alse vorgeschribn ist Zeu einnem vrkunde dire
rede henge wie unse Insigel an disen brif des sint gezeuge her heinrich der alde
voyt von wya Meister walther vns herre oberste schriber her hartmud von Bulewicz
her Gerhart von Lubschewicz her herman goltackir vnses herren marschale dise rede
ist geschen zeu Aldemburg vf dem hus nach gotes geburt tusend jar drvhundert jar
in den sechzeendem jare an sente bancracius abende.

Obige nach dem Orig. auf Perg. im Hpt.St.A. Dresden nr. 2063, genommene Abschrift zeigt noch das Siegel des Ausstellers an Pergamentstreifen. S. Webers Archiv II. 148. Heinrich von Koldicz war demnach der Sohn Heinrichs und der Amabilia geb. von Schönberg, s. Reg. 1290. Die Familie lernten wir bereits 1233, 1281, 1282, 1286 kennen.

1317:

Fritzko von Schönburg, Schonenburg, Herr in Crimitschau, bestätigt am 15. Aug. die
Stiftung einer Frühmesse in der Kirche des heiligen Martin daselbst. Petrus plebanus in Altstadt-
Waldenburg stiftet nämlich zum Seelenheile seines Patrones, Unarchs von Waldenburg, und dessen
Witwe Adilheidis, beider Sohnes Heinrichs und dessen Gattin Eufemia, sowie zu seinem, seiner
Schwester Kunegunde und seiner Eltern Seelenheil 3½ Mark jährliche Zinsen, gelegen in Lom.
die er von Friedrich von Ponitz und dessen Brüdern erworben, in Lutoldishayn, die er bei der
Witwe der Gebrüder von Eisenberg, in Rozzelawendorf, die er von Albert von rotynberg erkauft.
Andere Zinsen lagen in Deynhartz, Dennheritz bei Meerane. Die Zinsen sollte der Propst Sieg-
fried in Crimitschau und nach ihm der Convent und Bertold de Calenberg, Canonicus genannter
Kirche geniessen.

Nos ffritzko de schonenburg dominus in Crimatschowe recognoscimus et tenore
presentium publice profitemur Quod discretus vir dominus Petrus in antiqua Ciuitate
waltenberg plebanus animaduertens quam breues sunt dies hominis et quod nihil sit
certius morte nichilque incertius ejus hora Ideoque animabus subscriptorum scilicet
domini Vnharci de waltenberg patroni sui domine Adilheidis relicte ipsius heyurici
filii eorumdem et domine Eufemie conthoralis ejusdem Sue quoque proprie anime et
sororis ipsius kunegundis animabusque omnium progenitorum suorum proinde cupiens
comparauit siue emit de rebus sibi a deo collatis tres marcas et dimidiam annui censum
quarum una marca sita est in majori villa lom quam sub conditione libera emit apud
strennos viros ffridericum de ponitz et fratres ejus et eandem soluit cristanus in
kvlschowe Item X sita est in Lvtoldishayn quam emit apud honestam matronam ..
relictam fratrum de yzenberg eamque soluit gener Conradi dicti hut Item triginta et
septem solidi siti sunt in Rozzelawendorf quos emit apud albertum de rotynberg
Ipsosque soluunt rustici in Nuendorf videlicet heyuricus Roder quindecim solidos de
quibus quatuor solidi singulis annis honorabili viro domino Syfrido preposito regularium
canonicorum in Crimatschowe cedunt ad vite sue tempora siue eo defuncto ecclesie
ibidem siue conuentui cum censu reliquo persoluentur. Item domina gysele relicta
alberti XI soluit solidos et .. relicta heyurici vndecim solidos soluit. Preterea quindecim solidi siti sunt in villa Deynhartz de quibus religioso viro Domino Bertoldo
de Calenberg dicto jam dicte ecclesie regulari canonico singulis annis ad tempora
vite ipsius tres cedunt solidi quo defuncto ad conuentum dominorum canonicorum
ibidem cum censu alio devoluentur. Hec inquam omnia et singula idem dominus
petrus ob honorem dei omnipotentis sue matris Marie virginis beati Johannis ewan-
geliste omniumque sanctorum dei dedit et perpetuis temporibus assignauit honorabi-
libus viris domino .. preposito et regularibus Canonicis apud beatum Martinum in
Crimatschowe ea de causa quod jam dicti domini in mane debent unam primam
missam coctidie ob salutem animarum predictarum omniumque fidelium defunctorum

— 38 —

in parochia sua Civitatis Crimatzchowe indesinenter perpetuis temporibus celebrare. Nos quoque ejusdem corporationis ordinationem ob salutem anime nostre animarumque nostrorum progenitorum confirmare cupientes sepe dictis dominis canonicis regularibus et eorum ecclesie de toto censu promemorato IIJ marcam et septem solidos denariorum dotamus perpetuo et justo proprietatis titulo assignando. Ut autem omnia hec quia caduca est hominum memoria in robore firmitatis perseverent presentem paginam sepe dictis dominis et domino petro conscribi fecimus et dedimus sigilli nostri munimine roboratam. Testes sunt Conradus Trutscheler miles. Conradus filius ejusdem. heynricus de kowitz Erycus de gablence. Theodericus von der ungewisheit viri strenui. Otto Judex Johannes Bok et gerlacus Cives in Crimatzhewe et quam plures alii fide digni. Datum in Castro Crimatzchowe. Anno Incarnacionis domini Millesimo Treecentesimo XVIIᵒ. In die assumptionis beate Marie virginis.

Diese, ebenfalls nach dem Orig. auf Perg., an welchem das Siegel fehlt, im Hpt.St.A. Dresden nr. 2104. genommene Abschrift, gibt uns die Namen Schönburg'scher Vasallen und Orte, die wir bereits früher kennen lernten. Lom ist der Altenburgische Ort Lohma. s. R. 1300, Lutohlzhnyn, Leitelshain bei Crimitschau, wo eine Wüste Raptrix 1301 Zinsen besass. (Ob die in der Urkunde genannte?) Bertold von Calenberg, wahrscheinlich von Calenberg bei Waldenburg genannt. Conrad Trutscheler und sein Sohn Conrad sassen wahrscheinlich auf Hertha bei Crimitschau s. R. 1301, 1305, 1322. Heinrich von Kowitz und Erycus de gablence wurden 1305 erwähnt. Theodericus von der Ungewissheit ist sicher aus der Familie von Gablenz s. R. 1305. Ueber die Schenkung s. auch Reg. 1351.

1317 am 12. Nov. ist Friedrich von Schönburg, Unterkämmerer des Königreichs Böhmen, gegenwärtig bei einer Berathung, die König Johann von Böhmen in Elbogen veranstaltet hatte.

König Johann von Böhmen hielt sich lieber in Luxemburg, seiner Heimath, als in Böhmen auf und reiste daher ein zweites Mal am 17. Aug. 1316 ab, indem er dem Erzbischof von Mainz die Verwaltung des Königreichs übergab, welcher Act den Böhmen missfiel. Bei aller Kraft, mit welcher der Erzbischof Peter das Staatsruder lenkte, fand er sich doch, müde der Verleumdungen und des Hasses der aufrührerischen böhmischen Herren, bewogen, ohne die Rückkehr des Königs abzuwarten, sein Amt als capitaneus und Reichsverweser niederzulegen und am 8. April 1317 Böhmen zu verlassen. Die Regierung übernahm bei der offenen Revolution die Königin Elisabeth. Dadurch verwickelten sich die Verhältnisse nur noch mehr. Als die Klagen über den ungebührlichen Einfluss der Fremden und das Wegführen böhmischer Einkünfte und Schätze nach Luxemburg sich mehrten, die Leidenschaftlichkeit der Königin auf der einen Seite, der Leichtsinn des Königs auf der andern, guten Rath nicht zur Geltung und heilsamen Ausführung kommen liessen, als die Königin, dazu veranlasst, Truppen im Auslande warb, um die Gegenpartei zu überfallen, floh Elisabeth am 20. Juni nach Elbogen auf ihre Burg. Der Versuch, durch Abgesandte einen Waffenstillstand herbeizuführen, misslang und vermehrte nur die traurige Lage; König Johann kam deshalb am 12. Nov. nach Elbogen zu seiner Gemahlin. Sogleich bei der ersten Berathung zeigte sich der Zwiespalt der Meinungen, indem insbesondere der Bischof Conrad von Olmütz, der Kanzler Heinrich und der königliche Unterkämmerer Friedrich von Schönburg darauf drangen, dass der König energisch vorgehen und jeden Widerstand mit Strenge ahnden müsse. Der König folgte ihnen. Wahrscheinlich begleitete nun Friedrich von Schönburg den König nach Prag am 18. Nov., am 24. Nov. in das Feld nach Brandeis an die Elbe und in die Burg Takee, sowie gegen Ende des Jahres an die südliche Landesgrenze. Vielleicht war er noch mit ihm am 6. Jan. 1318 zu Brünn und floh mit ihm im Februar nach Prag, um in seiner Nähe im März zu Eger und im April wiederum in Elbogen zu sein. Auf dem Landtage zu Taus fand endlich die Aussöhnung statt, nach welcher Heinrich von Lipa wieder, wie es der Landtag gewünscht, als königlicher Unterkämmerer und Finanzminister, also an Schönburgs Stelle, an die Spitze der Geschäfte gestellt und vom Könige angenommen wurde, weil fortan Ausländer von öffentlichen Aemtern ausgeschlossen werden sollten und Schönburg war Ausländer.

S. Palacky II. 2, 119 ff. Schötter Johann Graf von Luxemburg und König von Böhmen 1865 I, 198 ff., Pelzel Karl IV. S. 5. Widersprechende und falsche Nachrichten gibt Beckler hist. How. I, 2. 3, nach welcher der Kanzler Heinrich (von Schönburg), ein Deutscher und Rheinländer, der sich nicht von Prag entfernte, deshalb von dem Herrn von Lipa und Wilhelm, Herrn von Waldeck, gefangen und nach dreimonatlicher Gefangenschaft dem Landgraf Ulrich von Leuchtenberg gegen 300 Mark Silbers ausgeliefert wurde. Dobner monum. V, 356, Köhler Münsbel. 1740, S. 81, Stöckh. I, 18. Ueber seinen muthmasslichen Tod s. Reg. 1328.

1318:

Der Leitmeritzer Propst, Heinrich von Schönburg, erhob bei dem Papste Johann XXII. so schwere Klagen gegen den Bischof von Prag, Johann von Drazic, dass Letzterer persönlich nach Avignon, dem damaligen Sitze des Papstes, zur Verantwortung ziehen und dort mit seiner Processführung beschäftigt, bis zum J. 1329 verweilen musste. Als Punkte der Anklage waren erhoben worden vorzüglich Ungehorsam gegen den päpstlichen Stuhl, Beschützung der Ketzerei und Simonie, doch wurden dieselben nach vielfacher und langer Untersuchung endlich ungegründet befunden, die Unschuld des Bischofs vom Papste anerkannt und er wieder in seine Diöcese Prag entlassen.

Nach anderer Angabe soll derselbe Heinrich früher Canonicus auf dem Wischerad zu Prag, 1318, gewesen und erst 1329 Propst zu Leitmeritz geworden sein, was jedoch nicht richtig ist. Palacky II. 2. 136. Stöckh. I. 19. Balb. misc. IV. 2. 42. Die Quellen dieser That sind hinsichtlich Heinrichs sehr widersprechend. Nach Beckler, hist. Bow. I. 2. 3 soll Heinrich von Lipa den Propst von Leitmeritz, Heinrich von Schönburg, zur Anklage veranlasst haben, um freiere Hand über die Verwaltung Böhmens nach des Bischofs Entfernung zu haben, der der Königin als Geh. Rath zur Seite stand. Balbinus schreibt: Henricus de Schonburg, Thuringus, praepositus Litomericensis und nennt ihn wegen der Verdächtigungen einen sparius. Aehnlich in ser. rer. Boh. t. II. Prag 1784, Francisci chron. Prag I c. 31 p. 105., Chron. Benessii de Weitmil I. II p. 234: His temporibus (1318) iniquus et versutus homo, omni malitia ac nequitia plenus Henricus de Sonburk, praepositus Luthomericensis, natione Thuringus, sed spurius, confectis pluribus Venerabilem patrem Dom. Joannem quartum episcopum Pragensem XXVII. virum bonum et per omnia laudabilem, procuravit citari personaliter ad curiam Romanam quae tunc erat in civitate Avinioneusi, temporibus Dom. Joannis Papae XXII. ubi praefatus Dom. Pragensis stetit eum dicto Schonburkone dineeuno et fraudulente homine per annos XI in continua actione. Et convictus est ille pessimus Theotunicus de omni malitia et nequitia sua. quas lu ore diaboli, patris sui, adversus virum innocentem confluxerat. Hunc Henricum fuisse spurium dicerie affirmat Franciscus (in chron. Prag). Ebenso schreibt Dobner mon. V p. 366: Erat quidam Henricus de Schouenberk (Schonenburch. Sonburch) nomine Canonicus Wissegradeusis ecclesiae. sed natus illegitime qui... accusabat etc. Balb. epit. 111, 347. 351. Pelzel Karl IV. p. 110 nennt ihn Hermann von Sonburg.

In demselben Jahre, 1318, unterschreibt Ernestus de Schönburg, Sechsmburg, die vom König Johann dem Bisthum Prag ertheilte Erneuerung und Bestätigung der Privilegien.

Balb. misc. XI. I. 13. Beckler hist Bow. I. 2. 3. Er ist also jedenfalls, der in Böhmen für Schönburg üblichen Schreibart halber, zu unserer und nicht zur Schaumburgischen Familie zu zählen.

1319:

Als nach dem im August 1319 erfolgten Tod des kinderlosen Markgrafen Waldemar von Brandenburg, König Johann dem Böhmen Ansprüche auf dessen theilweise Besitzungen erhob, erlangte er zwar die Mark Budissin, hinsichtlich Görlitz kam ihm jedoch sein Schwager, Herzog Heinrich von Jauer und Fürstenberg zuvor. Daher zog der König zu Anfang September mit 300 Mann von Prag aus, um seinen Ansprüchen Nachdruck zu verschaffen. Ihn begleiteten in diesen Feldzug persönlich Herzog Nicolaus von Troppau, Peter von Rosenberg, Wilhelm von Landstein, Hynek Berka von Duba, Thimo von Kolditz, die Brüder Friedrich, Hermann und Fricek, al. Fritzko, von Schönburg, Benes von Michelsberg, Ulrich von Zebrak und Friedmann von Smyrna. Die ersten Feindseligkeiten wurden gegen Herzog Heinrich ausgeübt, aber schon am 22. Sept. kam es im Lager bei Oelsnitz zu einem Vergleich, kraft dessen Herzog Heinrich zu Gunsten des Königs entsagte und nur Görlitz und Lauban erblich, Zittau aber pfandweise erhielt. In dieser Urkunde erscheinen obige drei Brüder als Zeugen.

Palacky II. 2. 136 ff. Schötter I. 225. Cod. dipl. Lus. p. 236. Balb. misc. VIII. 26b. Beckler Bow. II. 3, 2, Ludewig rel. VI. 4, Lünig II. A. p. spec. I. 280. 933, Buchholz Gesch. der Churm. Brandenb. V. 23. Hoffmann script. IV. 186. Dumont corps dipl. I. 2. 47. Riedel cod. dipl. Brandenb. II. Bd. I. p. 443.

Am 28. Dec. desselben Jahres compromittirt Hermann von Schönburg, schonenburch, in einer Streitsache mit seinem Oheim Borso von Riesenburg auf den Ausspruch der Schiedsmänner Otto von Bergow, Friedrich dem Aeltesten von Schönburg, Ulmann von Thyßnbach, Henrich Drewiz und Albrecht von Lytitz, die sich zu Pirna versammeln sollen und setzt zum Pfande Haus Hohnstein. Dat. 1320 an der kyndelime tage zum Gyrsberge auf dem Hause.

Wir herman von schonenburch bekennen an diseme offenene brife vnde tun kunt alle den di yn horin lese odir gesen daz wir alle vnse sache di wir zv vnseme omen hern Borsin von Rysenburch habin vmme scult vmme burgeschaft vmme schadin odir vmme swelicherleyge scult iz sy di an geylt tritit daz wir di habin gelasen zv den edelin hern ottin von Bergow zv hern fridriche dem eldistin von schonenburch zv vlmane von Thyßnbach zv henriche Drewiz vnde zv Albrechte von lytitz waz vns di heyscen iz sy zv vnsme odir zv rechte daz wir dez scullin volge an alle widir rede vnde dez sculle wir zv eyme tage kymen hyn zv pyrne an deme nehtin tage nach vusir vrowin tage der nv kvnftik ist an alles hinderuisse iz en sy denne daz iz vus beneme chafte not odir dez lybes krankeyt ab wir dez nicht entetin dovor so habe wir herman von schonenburch gesayez vnse hvs zv honsteine mit alle deme daz vus

nv dar zv bescyk vnde gevallin ist zo cyneme phande also phandis reycht ist also
lange biz daz wir iz getetin do mite hat gelobit albrecht von lvtitz ab iz an vns bruch
wurde daz her mit dem hvse sol wartin hern Borsin von Rysenburch also lange biz
daz wir iz tetin vnde gelobin daz daz wir vnsin houpmā durūn nicht swachin. Wir
bekennen ouch dez ab di vunfe di dar vbir sint gekorin sich nicht vor cyntin waz
di meiste menige vudir den vunfin vns heyscen dez sculle wir gevolgyck ayn vnde
scullin daz tun als ub sy iz vns alle vunfe hysen Daz dise rede vnde di zgelubede ganz
vnde stete werde gehaldin dez gebe wir ym diesen brif mit vnseme ynsigele bestetigit.
Der ist gescribin vnde gegebin nach gotes geburt her geczalt Tvsent jar drihundert
jur in deme zeuweneygesten jare an der kyndeliue tage zvm Gyraberge vf dem hvse.

Orig. Urk. im Upt.St.A. Dresden nr. 2185, an welcher das Schönb. Siegel fehlt. Ueber die Verwandtschaft zu
Riesenburg s. Reg 1261.

1322:

Friedrich von Schönburg, Herr in Crimitschau, bestätigt am 4. April eine Schenkung
Ritter Conrad von Trützschlers, in einem jährlichen Zins von vier Schillingen auf dem Gute
Hart bei Mosel bestehend, welche derselbe dem Kloster zu Frankenhausen gemacht hatte.

In nomine Domini Amen. Quoniam saluberrimum et per temporalia perpetuis
in posterum aduniri hinc est quod Nos fridericus de Schoinburg dominus in Crymatschow pensantes extibernantis retribucionis acceptabilissimam largitatem fructus cen-
tesimi divinitus emanantis in animarum refectiones fidelium presalubres quatuor soli-
dorum redditus denariorum usualium sitos in villa hart prope Mosellam per strenuum
Conradum Truescheleri militem felicis memorie quondam dilectum nostrum legatos
devocius cum ipsorum juribus et pertinentiis universis ecclesie beati Martini in Cry-
matschowe canonicorum regularium quorum bonorum Infeudatio nos concernit eidem
ecclesie beati Martini in Crymatschow appropriamus presentibus jugiter propter deum
tenendos utifruendos et cum omnibus ut premittitur ipsorum juribus et pertinenciis
singulis perpetue possidendos et percipiendos distinctim annis singulis videlicet in die
beatorum philyppi et Jacobi apostolorum duos, et in festo beati Michahelis residuos
duos dicti census solidos denariorum ex tunc vicinius afluturo. In cujus rei certitudinem
presentes nostro sigillo confirmatas porreximus super eo cum annotacione predicti
testamenti testium subscriptorum nostrorum fidelium strenbuorum videlicezt Ebirhardi
de Thettow militis Erici de Gablencia Theoderici de Olsen et Nicolai tunc temporis
in Castro Crymatschow Advocati Datum Anno domini M⁰ CCC. vicesimo Secundo in
die Palmarum.

Orig. Urk. auf Perg. im Hpt.St.A. Dresden nr. 2234. Das Siegel fehlt. Schöttg. und Kr. Nachl. X. 204.
Göpfert Plum. S. 29. Ueber die Familie Trützschler, welche demnach das Gut Hartha bei Mosel. G.A. Crimitschau, als
Schönburgisches Lehen besass, bis es auf das Hospital zu Crimitschau überging, s. R. 1297. 1301, 1305, 1317. Auf das
Gut Hartha dürfte auch Heinrich von Harta 1233 zu beziehen sein, wenn nicht die Nähe der Stadt Hartha bei Geringswalde auf Letztere zeigt. Von den Zeugen sind uns Kricus de Gablencia (1305, 1317) und Theodericus de Olsen (1297,
1299. 1305) durch deren Familien bekannt. Ebirhardus de Thettow, miles, gehörte ebenfalls einer bei dem Hause Schönburg zu Lehen gehenden Familie an, deren Stammgut, Tettau bei Glauchau, noch heute Schönburgisch ist. Auch besass
diese Familie später Güter im Voigtlande und Erzgebirge z. B. Alberoda und Schwarzenberg. 1430 heissen Hans und
Wilhelm von Tettau an Mere, Mevrane, gesessen, als Schönb. Vasallen, auch hatten sie 1402 Stein bei Hartenstein und
1411 Conrad von Tettau Wildenfels, also Besitzungen innerhalb der Schönb. Herrschaften, oder doch demselben benachbart.
s. Leop. Meer. S. 22. Schäfer Prinzenraub S. 109, Anal. Sax. 1765 S. 23, Carpzov Ehrent. II. 154. Ueber Adel und
Wappen von Tettau, Urk. vom J. 1402 in Ludewig rel. VI. 82. Mitth. d. Ges. d. Ost. V, 81. Märcker S. 227. Reg. 1320
— Hartha und die übrigen Klostergüter gehörten später zum Rudelswalder Dingstuhle.

Am 22. Mai 1322 verpflichten sich acht adelige Herren, nämlich Boz Herzog von Schle-
sien, böhmischer Landeshauptmann, Henricus de Lipa, Marschall, Joh. de Useldingen, Hinco
Berca de Duba Burggraf von Prag, Otto de Bergow, Thymo de Coldicz, Ulricus dictus pfluk
Burggraf in Burglino, Joh. dictus Czambor mit und für den König Johann von Böhmen gegen-
seitig, dass derselbe dem Landgrafen Friedrich von Thüringen zu Handen dreier genannter Herren,
unter welchen Friedrich von Schönburg, Schönburg, Herr in Crimitschau, Creuczaw, die
Stadt Kadan, Cadan, mit 10000 Mark Prager Groschen übergeben werde, in der Weisung, wie

—— 41 ——

va im Heirathscontract der Tochter Johanna, Jutta, mit dem jungen Landgrafen ausgedrückt ist.
Dat. Commotau 1322, XI. Cal. Jun.
Orig. Urk. im Hpt.St.A. Dresden nr. 2238. Ueber Otto von Bergow s. Reg. 1319. Jedenfalls war die Schön-
burgische Linie Crimtschau die in Böhmen begüterte, wie wir beim J. 1318 angedeutet haben.

1323:

Friedrich der ältere, genannt von Schönburg, Schemburg, bestätigt am 23. Juli
1323 den von Heinrich von Schauroth an den Pfarrer zu Grossenstein und Gemeinde Baldenhain
(im Altenburgischen) geschehenen Verkauf einiger Zehnten. Gegeben in Langenberg 1323. X.
Cal. Aug.
Urk. bei Löber Ronneb. Anh. S. 10. Die Burgwart Langenberg kam im J. 1060 zum Bisthum Zeitz, indem
Kaiser Heinrich IV. dem Bischof Eberhard von Zeitz, den er in seinen Angelegenheiten verwendete, so dass derselbe
auch zugleich mit Ihm in den Bann gethan wurde, mehrere Reichsdomänen und Regalien schenkte, unter welche auch
die Burgwart Langenberg mit Ihrem grossen, 50 Dörfer umfassenden Bezirk gehörte (Urk. bei Schöttg. op. min. p. 85
und Schultes dir. dipl.) Die Besitzer wechselten zwar in der Folge, aber es blieb stiftisches Lehen, so belehnte Bischof
Rugelhard auch am 4. Nov. 1238 Heinrich den Erlauchten u. A. mit dem Schlosse Langenberg, nebst Gerichtsbann und
Zubehör. Nach Heinrichs Länderabtretung 1260 erhielt sein Sohn Dietrich mit dem Osterlande auch die Herrschaft
Langenberg. Die Besitzer der Burg in frühester Zeit sind gleichnamige Adelige, von denen schon 1196 Thimo, Otto
und Heidenreich in einer Altseller Urk. erscheinen und welche von den Markgrafen von Meissen und diese von den
Bischöfen von Naumburg-Zeitz beliehen waren. Sie hatten sich gegen die Bewohner der Umgegend, theils markgräfliche,
theils bischöfliche Unterthanen mehrfache Belästigungen erlaubt, es ergriff daher der Markgraf den Ausweg und kaufte
die Burg mit dem gesammten Bezirk. Zu der bedeutenden Kaufsumme gab der Bischof von Naumburg einen Theil im
J. 1359. Das Schloss stand auf dem bei dem Städtchen gelegnen Hansberge, an dessen Fusse in dem Städtchen das
noch jetzt genannte untere Schloss als das ursprüngliche Burglehen des Burgwarts, mit der dem heiligen Jacob gewidmeten
Schlosskapelle wiederum angebaut war. Die Schönburger als Besitzer der ganzen Pflege, wie sie hier zuerst auftreten,
waren dadurch meissnische Afterlehns- und bischöfliche Naumburgische Lehensträger. Im J. 1324 oder 1328 soll sie
jedoch an die Familie der Reussen verkauft worden sein. auch finden wir die Schönburger nicht ferner im Besitze. Die
Familie von Schauroth war im Altenburgischen vielfach begütert.
Lepsius Bischöfe Naumb. I, 92, 144. Altenb. K. Gall., Reg. 1324, 1344.

Friedrich, Hermann und Friczko, Gebrüder von Schönburg, Schonenburg.
verkaufen zu Altenburg, am 11. Dec. 1323, dem Bruder Heinrich von Gera, Commendator des
deutschen Hauses in Reichenbach, ihrem Onkel, alle ihre Güter im Dorfe Gudissawe, nebst dem
Patronatsrechte der Kirche daselbst.

Advitanda futura litigia que cupiditas rerum mater licium generat incessanter
sane providencie est inductum ut ea que rite et racionabiliter fiunt scriptis attenticis
perhennentur hinc est quod nos fridericus hermannus et friczco fratres de
Schonenburg. Ad noticiam tam presencium quam futurorum volumus pervenire
quod insana valitudine mentis et corporis constituti ac cum bona et matura delibe-
racione nostrorum amicorum et fidelium vendidimus honorabili viro fratri heinrico
de Gera ordinis domus Theutonice commendatori in Rychenbah nostro avunculo dilecto
universa nostra bona que habuimus in villa dicta Gudissawe videlicet trigintaquinque mensuras siliginis Trigintaquinque Ordii quinque mensuras Tritici et quinque
pisarum mensure Civitatis Aldenburgensis Annue pensionis cum omnibus juribus et
attinenciis sicuti per hereditatem paternam ad nos fuerunt devoluta videlicet cum agris
cultis et incultis pratris pascuis nemoribus aquis rivis aquarum decursibus ac cum
singulis et singulariter universis que ad eandem bone pertinere noscuntur. Insuper
dedimus jus Patronatus in Gudissawe predicto nostro avunculo fratri heinrico de Gera
quod propter deum et in remedium animarum nostrorum progenitorum et nostrarum ut
ob speciales peticiones ipsius fratris heinrici predicti cum omnibus bonis superius no-
minatis et expressis Dedimus Damus ac presentibus apropriamus prefate domui fratrum theutonicorum in Rychenbach jure proprietario perpetuo possidenda nichil penitus
juris nobis aut nostris successoribus in eisdem bonis omnibus reservantes ac renun-
ciantes presentibus actioni omni sive canonica sive civili que nobis aut nostris successoribus unquam ullo tempore possent competere bonis jure dictis. In cujus rei testimonium et robur ipsis presentes dedimus nostris sigillis roboratas Testes hujus sunt
qui presentibus affuerunt Reverendi viri Dns Ulricus dictus de crimczawe abbas in
kemnicz dns Johannes de Schonenfels prepositus regularium canonicorum in Aldin-

burg ac nobiles viri Dns heinricus Advocatus de plawe rutenus tunc temporis Judex provincialis Misnensis Orientalis et terre plisnensis Dns albertus Burgravius in Aldinburg Dns heinricus de Waldinberg et Dns heinricus senior Advocatus de Gera milites vero Goez de ende Peregrinus de Remse Rudolfus de Meckawe et alii quam plures fidedigni. Actum et datum Aldinburg Anno Dni Millesimo Trecentesimo XXIII tertio Idus Decembris.

Die Urk. auf Perg., mit dem Siegel S. Ficonis de Schonperg. Im Hpt.St A. Dresden nr. 2288. Unter Gudisawe ist Godrnowe, Guliissa, Gödlissa, Gödlisshain, Götza, vulgo Gietze bei Altkirchen im Altenburgischen gemeint, da auch 1342 Friedrich von Schönburg dem Bergkloster in Altenburg eine Hufe in dasiger Flur schenkt (s. Reg. 1342 und Bonat Jahrbb. V. 37). Das Dorf Gödlissa, jetzt nach Altkirchen gepfarrt, war bis 1526 ein eigenes Pfarrdorf. Urkundlich kommt auch 1286 ein Alnarius von Godesowe als Zeuge vor. Endlich kam das Dorf an das deutsche Ordenshaus zu Altenburg, wohin die Gebäude noch jetzt zu Lehen gehen. (Altenb. K. Gall. I, 109). Von den Zeugen gehört heinricus de Waldinberg der Dynastenfamilie von Waldenburg an. Goez de ende einer im Altenburgischen und Schönburgischen reich begüterten Adelsfamilie, die noch öfter vorkömmt (s. Kneschke s. v. und Mitth. des Osterl. und Reg. 1300), Peregrinus de Remse wurde 1300 und 1316, Rudolfus de Meckawe 1316 genannt. Heinrich von Gera wird Onkel der Herrn von Schönburg genannt, weil ihre Mutter Mechtildis, geb. Reussin von Gera. Heinrichs Schwester und Gattin Friedrichs von Schönburg neu. war. (s. Reg. 1316).

1324:

Landgraf Friedrich von Thüringen befreit am 15. Jan. die Güter in Kuderschowe, welche Heinrich von Gera, Commendator des deutschen Hauses in Reichenbach von denen von Schönburg, Schonenberg, erkauft und welche die genannten bisher als Eigenthum, frei von allen Diensten und Leistungen inne gehabt, von allen ähnlichen Diensten und befiehlt seinen Voigten und Offizinten den Orden in keiner Weise zu belästigen. Geg. zu Gotha, 1324, XVIII. Cal. Febr. Zeugen sind: Henricus de Plawen dictus Ruze, Bertoldus Vicedominus de Ezstete, Petrus dictus Purzk.

Urk. im Hpt.St.A. Dresden, mit Siegel. Jedenfalls ist mit Kuderschowe nar das ebengenannte Gudissawe gemeint.

Hermann und Friedrich, Gebrüder von Schönburg, erlauben als Lehensherrn, am 14. Mai 1324, dass Heinrich, der Bruder des Rheinbot von Mosel, de Musella, und Heinrich und Johann, des Rheinbot von Mosel Söhne mehrere ihnen zustehende Zinsen im Dorfe Weissenborn bei Zwickau dem Kloster Grünhain schenken.

Die Urk. ist abgedr. bei Sch. und Kr. scr. II, 539. Herzog Zw. II. 57. Ueber die Familie von Mosel haben wir uns früher bereits länger verbreitet, s. Reg. 1261 und 1288. Die Zeugen anlangend, so ist Johann plebanus in Ginchowe ein Nachfolger des 1261 und 1288 genannten plebanus Henricus. Rudolf von Meckau kam erst voriges Jahr vor.

Als Rudolf, Heinrich und Heinrich Schenken von Dornburg auf alle ihre dem deutschen Orden übergebene Güter in Zwezen verzichten, bezeugen diese Urk. am 24. Juni 1324: Friedrich von Schonenburk, der Aelteste, Peczolt von Sparrenberk, Burgolt von Kossebode, Luppolt von Wolframsdorf, Johannes von Buthenitz, Titzel von Grontschen, Apetz von Gebese.

Urk. im Hpt.St.A. Dresden.

Am 30. Juli 1324 gibt Friedrich von Schönburg, Landrichter in dem Lande zu Misne, ein Gezeugnis, dass Hannus und Friederich von Maltitz von Burggraf Otto von Lyznik in dem Landdinge zu Wussin, Wuhsen im G.A. Meissen, das Gut zu Merkewitz, ? Merkwitz im G.A. Oschatz, welches Herr Hannus Marsilius und Frau Clare angesprochen, mit rechten Urtheilen erlangen haben. Geg. 1324, Montag nach Jacobi. Zeugen sind: Witego Bischof von Misne, Burggraf Albrecht von Lisnik, Friderich von Ilmsbere, Pilgerim von Rimese (s. 1300, 1316, 1323), Thitzman Truchtsess, Herman und Alber von Maltitz, Hans von Miltitz, Ulmann von Nussin.

Perg. Urk. im Hpt.St.A. Dresden mit Fr. von Schönburgs Siegel.

1326:

Papst Johann XXII. befiehlt dem Archidiaconus zu Prag wegen verschiedener dem Nonnenkloster St. Clarae zu Znoym durch Fredericus, Feik und Hermannus, den Söhnen weiland Friedrichs von Schönburg. fratribus laicis Prag. dioec., zugefügten Beleidigungen Untersuchung anzustellen. Dat. Avignon 1326, X. Cal. Dec. den 22. Nov.

Orig. Urk. im Archive jenes Klosters, abgedr. im cod. dipl. Morav. t. VI p. 248. Obige Notiz war bisher unbekannt, leider fehlen uns auch die Angaben über die Veranlassung zum Streite. Der verstorbene Friedrich von Schönburg ist ohne Zweifel der zum J. 1285 genannte, welcher ebenfalls mancherlei Händel mit dem Bischof von Olmütz hatte, in dessen Sprengel auch das Kloster zu Znoym gehörte. Die Forts. von Dudiks Gesch. von Mähren wird gewiss Näheres berichten.

www.ingramcontent.com/pod-product-compliance
Lightning Source LLC
Chambersburg PA
CBHW021435090426
42739CB00009B/1480